停止精神内耗

李维　著

北京联合出版公司
Beijing United Publishing Co.,Ltd.

作者：李维
书名：停止精神内耗
责任编辑：牛炜征
封面设计：金刚

北京联合出版公司出版
北京联大文化发展有限公司发行
版次：2023 年 3 月第一版
字数：103 千字

你在精神内耗吗

如果你出现以下情况：

□ 即便一天什么事都没干，也会感觉特别累。

□ 纠结，拧巴，内心戏多。

□ 容易被他人的话语影响情绪，经常情绪低落。

□ 不知道自己想要什么，不知道自己最喜欢和希望的方向是什么。

□ 渴望改变，想行动却又不付诸行动。

□ 生活被电子产品主导，越来越焦虑，越来越暴躁。

□ 没有目标，容易放弃。

□ 即使清楚自己想要什么，有了方向，还没开始，就感觉疲惫不堪。

□ 精神压力大，对什么都提不起兴趣。

如果你有 4 种与上述情况相同，则可能存在较为严重的精神内耗。不必担心，知晓问题的存在，就一定会有改善或解决的方法。

请试着读完此书，对于改善你的精神内耗一定有所帮助。

序 言
PREFACE

人生有两种状态：一种是被消耗，另一种是被滋养。

内耗的意思是：自我内部消耗。在“心流”概念的创立者心理学家米哈里·契克森米哈赖的概念里，内耗被称为“精神熵”，熵是表示系统混乱程度的概念，精神熵即精神系统的混乱程度。

绝大部分人的“内耗”，都表现为这种混乱。外部也许并没发生什么，但内心已经自我交战很久了，假想、抵抗、隐藏、纠结、逃避、强迫、自责、拖延、焦虑、涣散、消极解读……经历消极偏见、过度自控、极端完美主义……当我们在精神上把自己逼到极限，会耗尽本来可以用来创造价值的能量。

这样，当我们感到非常疲惫的时候，自我认知能力也会受到严重的影响，以至于无法面对挑战或胜任重要任务。

认知神经科学与心理学的最新研究证实，上述问题都是可以解决的。

随着科技的发展，近年来科学界对人脑机制的认识不断加深。我们可以借助脑成像等技术，在无创条件下对人脑活动进行测量，观测人在不同精神状态下的大脑活动，从而促进对人类心理活动内部的理解。

本书力求将最新的认知神经科学研究做通俗易懂的科普，帮助读者有理有据地理解和解决自己的困扰，找到自我修复的方法，重建内心秩序。从而提升自我效能，超越精神内耗，做更好的自己。

李 维

2022 年 6 月

目 录
CONTENTS

Chapter 3 你是如何“被掏空”的

Chapter 4 强迫型精神内耗

Chapter 5 高敏感型内耗

Chapter 9 内耗，来自你的消极信念

Chapter 10 复原力

Chapter 11 认识、标注自己的情绪

Chapter 1

成事者，不内耗

“人类大脑的总质量为1400克左右，仅占个人体重的2%~3%，但能源消耗占比却非常高：其耗氧量达全身耗氧量的25%，血流量占心脏输出血量的15%，人体所需葡萄糖总量的20%被大脑细胞所消耗。”这决定了大脑的工作机制一定是节约型的。

1. 高手都善用“低能耗模式”

2014 年，巴西某足球明星接受了日本神经学家的一项研究。

研究人员让他躺入核磁共振显示仪，依照下达的指令转动脚踝、驱动肢体，通过仪器实时测定了其大脑中主管运动区域的运转状况。

作为比照对象，研究人员还请来了三名西乙职业联赛球员、一名西班牙业余联赛球员和两名游泳运动员。结果发现，该足球明星在驱动肢体时，大脑的运转区域只有西班牙业余联赛球员的 7%，游泳运动员的 9%~10%，相比西乙职业联赛球员则是后者的 11%~44%。

这意味着，高手可以利用脑部低负荷运转，一次性完成很多复杂的动作。这种节能模式，意味着高手有余力驱使剩余的脑能量，做出比常人更为丰富多变的动作。文中，善于利用大脑的“低能耗模式”成为区分天才与否的标志。

人类的大脑有两种工作模式：自动导航模式和理智控制模式。

自动导航模式，是指人们会依据习惯来做出反应，比如走路、游泳、驾驶、辨别方向等。

自动导航行为，其实是人类大脑特殊的一种“低能耗模式”。大脑内特定的神经元连接回路无须思考，自动反应，从而达到“节能”的目的。而理智控制模式，则是一种“高能耗模式”，需要通过有意识的思考、分析、判断、决策、执行等过程来主导行动，需要消耗很多的大脑能量。

人们在日常生活中更多依赖于自动导航模式而非理智控制模式。

有研究认为，日常生活中 90% 的时间，大脑会调用“低能耗模式”；而只有不到 10% 的时间，会采用“高能耗模式”。

人的大脑拥有强大的思考与运算能力，然而，大脑的运行“功率”却仅相当于一只 20~25W 的白炽灯泡，其能耗远低于电子计算机。高手的大脑具有“低能耗、高效率”的特征。

2. 既专注，又快乐

你一定听过这样的说法：人类只使用了大脑 10% 的潜力。其实，从脑神经科学的角度讲，这句话是完全错误的。

人脑的进化不允许如此大的浪费存在。人脑是通过自然选择而塑造的，与其他器官相比，可能有过之而无不及。人脑占据了人类体重的 2%，却消耗了全身 20% 的能量。消耗如此高能量，却发挥不了相应作用的器官存在合理性吗？

真相是，人类其实已经使用了100%的大脑功能。人的大脑是一个已经完全被开发的器官。而且，即使大脑功能已经被完全开发，也依然面临着信息过载的问题。人类的生存环境实在是太过丰富了，这导致大脑无法有效处理所有接收到的信息。因此，为了解决信息过载的问题，大脑在人类进化过程中衍生出注意力系统。

研究发现，大脑无法同时处于既专注又发散的思维模式之中。也就是说，大脑要么处于放松状态，要么处于专注状态。

大脑的注意力系统让我们可以感知、选择并发挥信息处理能力，使我们专注于所有信息中特定的一部分。我们可以把注意力想象成大脑的指挥官，注意力在哪里，大脑的其他部分就会跟到哪里。

工作让我们了解到，压力和松懈的对立面是舒适和专注。

专注能帮助我们集中注意力，且消除负面情绪的影响。专注是指活在当下，充分地感受和体验生活中的一点一滴，一分一秒。同样地，专注也不仅仅是一个概念，它更是一种实践。我们需要将专注深深植入灵魂，这样才能从中获益。

专注力训练和体能训练一样，两者皆非一日之功。但是，如果你能持续地做专注力训练，做的次数越多，收益也就越大。

觉察自身的注意力，让专注力训练成为日常练习之一，从而驯服自己的内心，让注意力成为人生中值得信赖的向导。

心理学家米哈里•契克森米哈赖是“心流”概念的倡导者，也是《心流》（*Flow*）一书的作者。所谓心流，是指我们在全神贯注地做某件事时，那种忘我的心理状态。在这种状态下，大脑会进入一个思绪空前明朗、创造力爆棚的状态，伴随着高度的兴奋感和主控感，且效率极高，甚至忽略了时间的流逝，在事后有很强的成就感和满足感。当“精神熵”较高时，在大脑处于一片混乱的情况下，人的做功能力很低，很多心理能量都被消耗了。而一旦进入心流状态，心理能量就会围绕同一主题组织起来，向同一方向高效率地输出。这也就是米哈里反复强调的：人在心流状态下的表现最好。

米哈里通过大量的调查实验发现，几乎所有的优秀人士，都体验过心流状态。当将精神内耗降至最低时，我们就有可能获得最佳心理体验。即心流状态是人的巅峰状态，这不仅体现在心理上，更体现在身体上，即高效能、天人合一的状态。

3. 专注，使人更轻松

全身心投入某项活动之中，一定更消耗精力，好在当事者心甘情愿——这似乎是一种共识。但米哈里则通过严谨的实验证明，全身心地专注于一件事反而减轻了脑力负担。

米哈里和他的研究团队走访了很多学者、医生、艺术家和普通人，了解这些人的心流体验。他们使用“心理体验抽样法”，通过每天随机选择 8 个时间点用电子呼叫器指挥受试者填写问卷，获得了超过 10 万份的日常体验问卷。他们最初是想探索“到底做什么事最幸福”，结果却发现“心流”是优秀人士的共同体验。即当一个人特别专注地做一件目标明确而又有挑战性的事情，而这件事的难度又与其能力相匹配，并能从中获得及时的反馈时，就很有可能会进入一种忘记自己、忘记时间流逝的愉悦状态。这样一来，工作就成为一种滋养而不是一种消耗。

需要注意的是，高度专注先于米哈里所说的心流状态。只专注于一件事情，其必要性还有一个原因：如果没有几件事情同时分散我们有限的注意力，那么进入心流状态的概率就会成倍增加。高度专注模式就是引导我们进入心流状态的“前奏曲”。

米哈里说："工作可能残酷而无聊，但也可能充满乐趣和刺激。"最好的体验和最坏的体验都在工作中，而非日常活动中。

关于精神内耗，米哈里借用了物理学中"熵增"和"负熵"的譬喻，提出了"精神熵"这个概念。米哈里用"负熵"来解释他的"心流"理论，阐述如何进行能量管理，减少内耗，从而达到"最佳心理状态"。

"熵"这个概念，来源于热力学第二定律，具体内容指：在孤立热力学系统中，系统的熵永不减少。熵是用来表示系统混乱程度的物理量，因此这条定律实际上是在说，孤立系统的混乱程度会逐渐增加。熵所体现的是一个系统的混乱程度。越是混乱，其熵值越高。

对熵的另一种理解，是指一个系统内，不能做功的能量的总和。换句话说，熵值越高，能做的功就越少。

人的思维，变化多端，每秒钟都会有无数个念头产生。虽然我们意识到的只有少数几个念头，但在潜意识里，念头却层出不穷、相互冲突，它们会分散你的注意力，瓦解你大脑的控制权。如果没有节制和下意识地训练，你的心理就会经常处于一种"熵增"的混乱状态。负熵就是熵的反面，熵代表的是无序，而负熵则代表有序。

如果你进入了心流状态，注意力就会集中于当前的任务，所有的心理能量井然有序地汇集，朝着一个方向发力，这时，你心理能量的内耗就会降至最低。此时的你就处于一种“负熵”的状态，整个人宛如被一股庞大的气流支撑，你不需要特意去控制这个过程，但一切又都在你的控制之中。米哈里认为，这就是心流——一种心理上的最优体验。米哈里发现，常处于心流状态，就是优秀人物的一个共同特征。

物理学家薛定谔在其著作《生命是什么》中，提到“生命以负熵为生，人活着的意义，就是不断对抗熵增的过程”。从某种程度上来说，“心流”就是大脑的生命。

当我们的“精神熵”指数越高的时候，思绪就会越混乱，大脑的做功能力越低。这个时候，很多心理能量都浪费在精神内耗上了。而一旦我们进入心流状态，心理能量就会围绕同一个任务有序组织起来，进而高效率地解决问题。一个人经历的心流状态次数越多，他的心理活动就会越有秩序，这样一来，也就越容易进入心流状态。

4. 你不必为“走神”而懊恼

“脑机接口”是下一个市场热点。

据说，已有公司对脑机接口产品展开小范围测试。该产品的原理是：监控人在学习时大脑皮层的专注程度。当佩戴者“走神”的时候，它会发出警报声，提醒其重新集中注意力。

脑机接口产品的设计者，其实并不懂（或假装不懂）大脑工作原理。脑科学家研究发现，人的思考状态基于两种思维网络模型：一是专注思维模式，简称“专注模式”，这是一种需要集中意志力的模式，大脑只能执行单一任务；二是发散思维模式，简称“发散模式”，这是一种大脑不需要意志力集中的模式，这是引领人们“顿悟”的模式。进入 21 世纪以来，脑科学家对这两种思维模式的研究取得了长足进展。

当我们放松注意力，任由思绪天马行空时，发散思维模式就启动了。当一个人处于放松状态时，思维会变得开阔，大脑的不同区域会得到相互联结的机会，这时往往会有灵感涌现。

专注是一种必要的品质，专注模式学习和研究的一个必经之路，就是让注意力把大脑各个部分相联结。但是，其中存在一个悖论，那就是在高度专注的紧张状态下，大脑神经元会失去部分连接能力。这也是当我们愤怒、紧张或害怕时，总觉得大脑一片空白的原因。

在经历过专注思维“渐悟”之后，我们的大脑会通过发散思维模式进入放松状态，与灵感不期而遇，产生“顿悟”。

“走神”这一情况在我们每个人身上都经常发生。当我们无意识地“走神”的时候，有时会导致出错，或忽略重要的信息。但是，我们不必为“走神”而懊恼，更不必刻意地强求自己保持“专注”。

一个人由于神经过于紧张和意念过于集中，反而将平素可以轻松完成的事情搞砸，现代医学将这种现象叫作“目的颤抖”。例如，医生进行缝合时注意力高度集中，手颤抖；球员怕出差错时脚颤抖；面试者想要从若干人中脱颖而出时身体颤抖；等等。

出生于前南斯拉夫的博拉·米卢蒂诺维奇，被誉为“足坛神奇教练”。他自始至终影响足协、球员和球迷的信念就是“快乐足球”和“态度决定一切”。

米卢是富有智慧的一名足球教练，他知道要在短期内彻底改变球员的意识和技能，简直就是“不可能完成的任务”。毕竟，球员们从小就开始接受训练，很多东西都已经根深蒂固了。而唯一的捷径就是通过塑造球员的职业化态度，进而提高他们的情商和团队精神，使其尽可能多地把训练成果应用到比赛中。不可否认，无论在美国、墨西哥、尼日利亚、哥斯达黎加还是在中国，米卢的策略都很成功。

“目标是行动的导航灯”，没有人生目标的人，无异于行尸走肉。然而，目标本该引领着人们前行，如果你将目标变成沙袋捆缚在自己的脚上，每前进一步，巨大的压力与莫名的恐惧就会羁绊住你，那么，我们又如何能够认识自我、成就自我？

《庄子·达生篇》说“以瓦注者巧，以钩注者惮，以黄金注者殆”，意思是当一个博弈者用瓦器做赌注的时候，他的技艺就可以发挥得淋漓尽致；以带钩做赌注，便有些害怕；而当他拿黄金做赌注的时候则往往大失水准。用一句话总结便是“凡外重者内拙”。

发散思维使人像一位时间旅行者，灵魂游离于九天之外，进行时间旅行。《自然》杂志有一篇评论文章指出：“可以将大脑视为一个基本上是预期性的器官，它天生就是利用过去和现在的信息产生对未来的预测。记忆可被视为预期性大脑用于模拟未来可能事件的一种工具。”一方面我们容易沉湎于过去，不断地反省、重现、后悔过去的事情。在压力之下，我们更容易陷于未来，不是困于制订计划，而是担心、惧怕尚未发生的事情，甚至有些事情其实根本就不会发生。

然而，活在当下的确是唯一选择。但真正的问题并不是如何活在当下，而是如何利用当下时间，生活在现在——而不是将时间消耗在回顾过去或担忧未来上。

5. 适度的挑战可带来最佳体验

米哈里在《心流》一书中，就我们何时最有可能进入心流状态给出了这样的见解：完成某个任务的挑战与我们完成该任务的能力大致相当的情况下，就会完全沉浸于任务之中。当能力大大超过任务的要求时，比如，连续几个小时无须动脑地录入数据，就会感到厌倦。当任务的要求超过我们的能力时，比如，我们没有准备好做陈述报告，就会感到焦虑。当任务的要求与我们的能力大致相当时，比如，弹奏某种乐器、埋头读书、沿着刚下完雪的山坡滑下去，就会更容易全身心地投入其中。如果你发现自己一整天都很难投入工作之中，就要问问自己：你的能力与任务的难度和复杂度是否匹配。如果你经常感到厌倦，就要想一想：你的工作是否能够充分发挥自身的独特能力。即使你采用了上文所介绍的方法，还是发现自己经常走神，这就是一个明显的信号：任务难度要么太低，要么太高。

另外，即使你能够集中注意力、提升了工作的目的性，但发现自己仍然对工作感到焦虑。这时，你就要想一想：自己现有的技能与手头的任务是否完全匹配。除了要考虑任务的难度外，还要思考工作负荷。

通常，最高效的工作模式是工作的难度比较适宜：没有困难到让人望而却步，也没有简单到仅靠习惯模式就能完成。因此，你才可能完全专注于自己的工作，进入心流状态。处于这一状态中的你似乎浑然忘我，忘记了时间的流逝，每个小时的任务完成量，竟然相当于平常几个小时的任务量。当你一旦跨过“启动”关口时，几乎没有任何外界因素能阻碍你继续工作。即使工作很辛苦，事后你也不会觉得疲惫不堪。

Chapter 2

人脑结构注定了内心冲突

一个系统越是复杂,通道越多,就越有可能产生内耗。

人脑是一个极为复杂的系统。脑神经科学家认为,人的大脑,更像是一台克鲁机(Kluge)——由不太匹配的元件拼凑而成的原理精妙却不太牢靠的机器。

1. 精神内耗是进化的代价

美国神经系统科学家保罗·麦克里恩在 1952 年时曾提出一个著名的假说，即“人脑的三位一体理论”（The Triune Brain Theory）。

按照在人类进化史上出现的先后顺序，保罗·麦克里恩把人体大脑分成了三个组成部分：

※ 爬行动物脑，俗称本能脑，负责本能反应；

※ 古哺乳动物脑，俗称情绪脑，负责情绪体验；

※ 新哺乳动物脑，俗称理性脑，负责理性思考。

每个“脑”通过神经纤维与其他两者相连，但各自作为相对独立的系统分别运行，各司其职又固执己见，互相制约。就如同一家公司有三个性格强势的大股东一样，他们每个人对于该如何运营这家公司都有自己的主意，经常会萌生不一样的想法，导致组织产生内耗与冲突。

（1）本能主导的爬行动物脑

爬行动物脑（本能脑）是最先出现的脑结构。它由脑干、小脑和最古老的基底核组成，是我们大脑里最原始的一部分。人类大脑的诸多功能区，比如心跳、呼吸、消化、视觉、平衡、恐惧等功能区，和其他动物是类似的。

但是，本能脑无法区分现实和假象。也就是说，当你观看一部恐怖电影时，本能脑会驱使身体做出一模一样的压力和恐惧反应。

同时，本能脑也无法清晰地区分过去、现在和未来。正因为如此，当我们回想起过去发生的某件不太好的事时，本能脑就会自动触发身体的压力和恐惧反应，它会使人误以为这件事此时此刻正在发生。

对于本能脑来说，假象等于现实，过去等于现在和未来。这样看来，本能脑好像有些落后和低级，但即便如此，它仍然掌控着我们生活里大部分的日常活动。

本能脑对人体的基本生命行为起着主要的控制作用。本能脑的作用是调控维持生命的基本生存，人体正常的呼吸、睡眠、饮食等生理需求都由本能脑掌管。

人类作为高级动物，本能的贪欲和恐惧，都从本能脑中产生。人类看到美食会分泌唾液，看到恐怖的图片会惊恐，遇到危险时会选择战斗或逃跑，这些都是由本能脑所主导的反应。

当本能脑占据上风时，人会表现出与蛇、蜥蜴等低等动物相似的本能行为模式：死板、偏执、冲动、贪婪、屈服、多疑、妄想等。

（2）情绪主导的古哺乳动物脑

古哺乳动物脑（情绪脑），也叫边缘系统，位于本能脑的外层。它包括杏仁核、海马体等重要部分。牛、羊、猫、狗、老鼠等哺乳动物都拥有情绪脑。

杏仁核主要掌控情绪感知，而海马体则对长期记忆起着至关重要的作用。正因为有了这两个关键结构，哺乳动物在情绪感知和记忆力方面，遥遥领先于爬行动物。

所有哺乳类动物的大脑，在本质上并无二致，包含感觉和情绪，拥有玩乐的欲望，也是母性的来源。哺乳类动物会照顾下一代，而爬虫类动物则不会这样做。

情绪脑最重要的功能，就是追求快乐和舒适，同时躲避痛苦和不适。无论多么复杂的事物，经过情绪脑的过滤，都会以要么舒适，要么痛苦的感觉呈现。

与本能脑一样，情绪脑也无法很好地辨识现实和假象，没有时间概念和因果逻辑概念。

当人们设想到悠闲自在的旅行场景时，情绪脑就会驱使身体来一场“说走就走的旅行”。当情绪脑占据上风时，明明知道“借酒消愁愁更愁”“吸烟有害健康”“巧克力吃多了会发胖”，然而，还是会忍不住就犯。

本能脑和情绪脑还有两个共同点：一是都在潜意识层面活动，二是做决定依据的都是过去的记忆。

因此，如果一个人的成长经历大部分是消极的，那么这两个功能脑就会基于此，把未来的人生也描绘成一副黯淡无光的样子，从而导致其行动力不足、抑郁、焦虑、不安和自卑。

简而言之，情绪脑只关注当下这一刻我们的体验是否舒适、愉快，并会本能地逃避一切在情感上让自己感到难受和痛苦的事情。

当人类的情感需求没有得到满足时，情绪脑在很多时候都会为我们传递重要的信号。

同时，也正是因为情绪脑的存在，我们在试图培养新习惯的过程中才会困难重重，饱受“拖延症”的折磨。

（3）理性主导的大脑新皮层

大脑新皮层（理性脑），是人类进化史上最新出现的脑结构，位于情绪脑的外层。它同时也是占据大脑容量最多的部分，大猩猩、黑猩猩等在内的灵长类动物以及海豚，都拥有理性脑。

理性脑掌管着逻辑推理、信息处理、语言沟通、制订计划和目标设立等能力。因为理性脑的存在，我们才有能力去学习新技能和为未来做打算。

理性脑最擅长的就是解决问题。它最与众不同的一点是，在进行信息处理的时候，不需要完全参考过去发生的事情。

与本能脑和情绪脑不同的是，理性脑的活动范围是意识层面。很多认知神经科学家通过科研调查发现，人类仅对 8% 左右的认知是有意识的，也就是说，我们仅有 8% 左右的行为和决定，是由理性脑所主导的。而绝大多数的行为、决定、感知和情绪，都是由本能脑和情绪脑所主导。也就是说，人类的受想行识，92% 受到潜意识的控制。

前额皮层（prefrontal cortex，PFC），相当于大脑的“指挥官”，通过广泛联结不同的脑部区域来为我们做出判断和执行。前额皮层能够执行很多高级功能如共情作用，道德判断，协调沟通，也能自我控制、避免短视的行为，以及适当地调节情绪及反应，做出决策，能够充分考虑到如何解决问题及其对长期目标产生的影响。

2. 长期处于高压状态会削弱 PFC 的功能

前额皮层让大脑更加复杂和精密，人类因此拥有更高层次的认知能力，与其他动物相比，人们倾向于表现出更高的自控力和判断力。

然而，也正是这种复杂和精密，产生了一种副作用，那就是我们的精神内耗。

当我们遇到刺激时，就会产生应激反应。应激反应源于名为“炎症蛋白”（inflammatory proteins）的分子和皮质醇。皮质醇在医学上也被称为一种糖皮质激素，具有消炎的作用。

病理性刺激多半会激发炎症蛋白和皮质醇的分泌，唤醒身体各个器官，身体接收到此信号后，就会在体内组织一支消炎部队，指挥它们前往产生刺激的地方，使身体变得更强健。这是身体与生俱来的免疫能力。压力在特定情况下被认为是病理性刺激的一种，它可以借此做好准备，以应对各种主观感受的压力。

但是，如果压力机制被激活得太久或者太频繁，则有可能损害大脑。如果人们长期处于高压状态，会引发一连串削弱前额皮层影响力的化学变化，这时本能脑与情绪脑的支配程度会增加。基本上来说，压力让掌控思想和情绪的高阶控制权，从前额皮层转移至下丘脑和其他比较古老的脑区如杏仁核。在压力下当较原始的脑区主控时，协调大脑对外界刺激的反应模式就会由缓慢、深思熟虑的 PFC 调节转移到反射式及快速情绪化的杏仁核和其他有关的皮质下组织，这时人们可能感到不知所措，容易胡思乱想，甚至变成了冲动的魔鬼，如暴饮暴食、疯狂购物或触犯法律等。

哈佛大学心理学教授丹尼尔•韦格纳的系列研究表明，人控制自己某些想法的意向（毅力），在遭遇压力、精神负荷超载时会自动解体，并且催生出一些不良想法，反而不利于我们实现目标。

再比如，我们在节食减肥时，会拼命告诉自己“要坚持，要忍住，不能吃垃圾食品，不能吃垃圾食品”；在遭遇分手之后，会拼命告诉自己“要坚持，要忍住，不可以想他，不可以想他”……然而结果呢？这些加之于自我的意志力，在压力的状态下全部自动解体。韦格纳教授称其为一个“反讽流程”。

其实我们不必过分自责，人在压力中去寻求解脱和快乐，是一种本能。那么有没有更好的方式帮助我们找回自己的心理弹性呢？

3. 过度自控会导致意志力崩溃

拥有精神能量，并不意味着我们知道如何运用它。

毋庸置疑，自控和自律是积极有益的。自控能让人体在面临干扰的情况下，依旧专注于目标的自律机制。它也是我们误用能量的另一种体现，会使人产生不必要的疲惫。无论你将其称为意志力、勇气还是自制力，它都是一种不顾自身感受、外界诱惑、艰难险阻，也要完成工作的意志力和决心。这对于成功至关重要。

然而，欲速则不达。我们越是给自己施加压力、过度地消耗精神和体力，就越不可能达到目标。

比如，当你想要抑制一种想法时，反而会在脑子里确认这种想法是否还存在，恰恰是这种思维抑制会让你在脑海里不断重复着这个不该有的想法！比如在经典的“白熊实验”中，心理学家把想忘记的事称为“白熊”，“白熊实验”就是探讨怎样才能让人彻底忘掉某事的实验。实验结果表明，你越告诉自己“不要去想白熊”，“白熊”的形象就越会在你的头脑中时隐时现。也就是说，你越想忘掉某事，记住它的概率就越大。

假设周末，你赖在床上玩游戏或刷手机里的短视频。一小时后，你下决心要起床了，可是转瞬又被短视频的精彩内容吸引了注意力。一刻钟过后，你又下定决心“现在就起来！”，但过后还是继续躺在床上沉浸其中。

再如，节食减肥期时，你会在深夜一边觅食，一边对自己说“不要这么做，这样吃下去会更胖的”。当你闻到了路边烧烤摊飘来的香味时，便将减肥抛诸脑后，终于你还是忍不住大开“吃”戒。

所以，我们会在新年来临之际立下目标：戒烟、减肥、与他人更好地相处、不再酗酒、控制坏脾气等。这些决定可能在短期内有一些影响和作用，但通常，如果在几个月后碰巧想到曾做过的决定的话，我们就会很快意识到它已化为泡影。诸如此类的情形很常见，且似乎可以无限循环下去，这时的你开始怀疑以往拼命自控的决心是不是真的，还是只是一时兴起。

4. 左右互搏的多巴胺

大脑是一个高度复杂的存在。很多问题，即使是现在也仍无法解释。为了更好地向大众科普，有些知识确实需要做一些简化，但是，有些知识随着传播被过度简化了。

比如，在人脑的欲望回路中，多巴胺起到了非常重要的作用，因此它也与愉悦和快乐时常联系在一起。一些科普作者会直接将多巴胺叫作“快乐因子”或“欲望因子”，即代表愉悦和快乐。其实这是以偏概全，也是一种半个多世纪前的过时的说法。

准确来说，多巴胺是一种“期望因子”，它主导着我们对未来的预期（或预警）。

多巴胺这种神经递质，起到的更多是“信使”的作用，它并不是奖赏本身，只负责传递消息，告诉我们快乐或恐惧就在眼前。

其实，多巴胺作为一种神经递质，会通向不同的神经系统区域，这一点也决定了其作用完全不同。当多巴胺结合不同的受体时，既可以让人快乐，也可以让人冷静；既可以起到兴奋作用，又可以起到抑制作用。

正常情况下多巴胺的分泌量，只有微小的波动。导致大脑多巴胺分泌产生剧烈波动的，是那种期待的过程，而不是满足感本身。

当赌徒坐在牌桌前时，多巴胺的欲望回路就活跃起来了。那种欲罢不能的状态，像极了不停按下开关忍受电击的小白鼠。

那么，什么样的大脑回路才能切断多巴胺“欲望回路”呢？答案是多巴胺“控制回路”。

多巴胺能神经元走向伏隔核部分形成“欲望回路”；多巴胺能神经元走向前额皮层的部分，形成“控制回路”。两者不仅程度相当，而且都是“活在未来”的。

多巴胺是欲望（通过欲望回路）和自制力（通过控制回路）的共同来源。

多巴胺的核心目标，最大化利用未来的资源，追求更好的结果。它激发了憧憬未来的激情，也激发了我们实现目标的意志力。通常，欲望回路和控制回路是互相配合、通力合作的。但是，当多巴胺的欲望回路集中在长期来看会给我们带来负面影响的事情时，多巴胺的控制回路就会掉转方向，抑制欲望回路。

比如一些人患上厌食症，其实就是由担心自己的体重引起的，与多巴胺控制回路高度相关。

大脑中的各种神经递质并非越多越好，也不是越少越好，维持一种稳态才更重要。比如，多巴胺水平低下会导致无法集中注意力，引起多动症、帕金森综合征等疾病。多巴胺过量会导致精神分裂症。在临床治疗中，有医生发现，一些帕金森病人在服用促进多巴胺分泌的药物后，突然变得喜欢赌博了。

5. 极简主义，极大成效

当大脑处于专注模式时，我们一次只能做一件事。不要试图一心多用，要时刻提醒自己，这样反而事倍功半。

最新的研究发现，人脑中的多巴胺回路与意志力高度相关，也与欲望高度相关。这一发现与庄子的名言“嗜欲深者其天机浅”，不谋而合。

为了取得极大成效，你不能什么都想要，只有精减掉大部分不重要的事项，才能保证做好关键事项。极简主义是降低多巴胺负面影响的一个重要原则。

假设上午是你的最佳工作或学习时间，如果这时快递、推销电话或不速之客的到来将你的时间切割得支离破碎，那么，一整个上午几乎等于被毁掉了。为了保护你的时间、精力和创造力，要尽量想办法避开琐事的干扰。

优秀人士会巧妙地设计每天的运作方式：他们为了缔造极大的成效而凡事求简。

乔布斯后半生的穿搭，几乎固定为黑色高领毛衣、蓝色牛仔裤加一双运动鞋，他认为这样做可以提高工作效率和绩效。乔布斯向一位日本设计师定制了上百件同款高领毛衣，这身装扮一直伴随其后半生。乔布斯不是第一个简化衣橱的天才。许多人说，物理学家爱因斯坦跟乔布斯一样，衣柜里面塞满了“多套同样的灰色西装”。

美国前总统奥巴马接受媒体采访时表示：“你会发现我只穿同样的灰色或蓝色西装，我正努力减少决策的数量，我不想每天都要决定吃什么或穿什么，因为我有太多其他的决策要做了。”这就是，为了更重要的事项，只能精减掉不太重要的事项。

扎克伯格的穿衣风格多年来基本上也一成不变，常见其穿着蓝色牛仔裤、灰色T恤和连帽衫。2014年底，扎克伯格首度接受大众的公开提问时，其中一个问题是：“为什么你天天都穿同样的T恤？”

扎克伯格回应：“我真的希望好好打理我的生活，除了尽力服务这个社群以外，尽可能减少日常决策。……我现在有幸坐在这个位置上，每天醒来可以为超过十亿人服务。我觉得要是自己把精力花在一些无聊或琐碎的日常事务上，就称不上是尽职尽责。”

固化自己的穿衣风格不一定就是极简模式。其实，可以改进的地方有很多。为了缔造极大的成效，可以做的事情有很多，比如，在你工作效率最高的时间段，将手机设置为免打扰模式。比如，和快递员达成约定，将自己的快递放在固定地点，以减少来电。

排除无意义的大多数事项的干扰，舍弃不太重要的事项，把全部的精力用于当下，是降低内耗的重要途径。

Chapter 3

你是如何“被掏空”的

心理学家艾略特·伯克曼（Elliot Berkman））指出，在当今时代，只有为数不多的人在干着高强度的体力劳动，我们的“累”更多是由于心理方面的因素。

“直到你真的无法再做任何事的时候，身体才会感到疲惫吗？”伯克曼问道。“其实，要达到体力完全透支需要很长时间。如果你是个建筑工人、在田里劳作的农民或早晚都在工作的急诊科医生，那么体力透支的确可能是令你感到疲惫的原因。”伯克曼指出，“但在其他情况下，你的疲惫大多是心理层面的。”

因为生理原因所导致的疲惫，比如长跑后的疲惫，解决方案很简单，休息即可。这种劳累只需要休息几天就能得以恢复。而对于非体力劳动者而言，“被掏空”般的疲惫、倦怠感，通常是如影随形的，并不是休息几天就能恢复的。

心理上的疲惫、倦息，来源于以下三个心理因素：强烈的情绪波动、高强度的自我控制，以及过度消极的思维。

1. 强烈的情绪波动让你精疲力竭

两千多年以前，柏拉图就提出“所有的学习都有情绪基础”，但直到最近，才有越来越多的证据表明，我们的情绪的确会影响神经组织的结构。

脑科学研究发现，压力是由运动系统或认知系统的过高要求而引起的，并在情绪上体现出来。

升学、坠入爱河、中大奖，这些都是压力——生理学意义上的压力原本是指“变化”，无论好坏。

适度的压力是有益的，甚至是必要的。但是，漫长的或者超高强的压力是有害的。真正理解“压力”这个概念，将会有效降低内耗。

强烈的情绪会激活我们的交感神经系统（sympathetic system），引发战斗或逃跑反应，增加我们的生理负担。

比如，人在愤怒的时候，身心会产生急速的变化。心跳加剧、呼吸急促、神色剧变、眉头紧锁、眼神似火、讲话如子弹扫射，同时，配合手臂挥舞等肢体动作。如此巨大的情绪震荡，必然会消耗大量的能量，也会对身体产生很大的损害。这是因为，交感神经的活动主要是保证人体处于紧张状态时的生理需要。人体在正常情况下，功能相反的交感和副交感神经处于相互平衡制约中。当机体处于紧张活动状态时，交感神经活动起主导作用。

高度兴奋的积极情绪，会产生与高度兴奋的消极情绪（如愤怒、焦虑）一样的生理兴奋：心跳加速、汗腺被激活、容易受到惊吓。由于这会触发身体的应激反应，因此持续很长时间的兴奋将会扰乱我们的生理系统。

愤怒过后，我们会感到身心俱疲。又比如，内心焦虑的人，往往充满纠结，假以时日，必然会出现精力不够用的情况。

即便是在愉快的氛围中，激动的情绪也会伴随心理学家所说的“生理兴奋”，它会激活我们的交感神经系统，引发战斗或逃跑反应。

也就是说，不管是消极状态（如焦虑、愤怒）还是积极状态（如激动、兴奋）都会对身体造成损耗。

压力对进化意义重大。我们的祖先在面对威胁时，比如突然遇到一只狼，会在第一时间做出战斗或逃跑反应。

1929 年，美国生理学家沃尔特・坎农（Walter Cannon）首次提出了“战斗或逃跑反应”这个概念。

当发现威胁物出现时，生物体会评估其可能对自己造成的伤害程度与自己可应付的程度，若自己的应付能力较好，就会选择与之战斗；若威胁物造成的伤害程度较大，无法应付，则会选择逃跑。

人体启动战斗或逃跑反应时，身体的交感神经系统和内分泌系统会迅速做出反应，释放出皮质醇、脱氢表雄甾酮和肾上腺素等化学物质到血液中。脱氢表雄甾酮与降低罹患焦虑、忧郁、心脏病、神经退化，以及多种疾病和状况的风险有关。

在急诊室，肾上腺素是拯救濒死之人或动物的必备品。当人经历某些刺激（例如兴奋、恐惧、紧张等）会分泌出这种化学物质，肾上腺素会给人一股强大的力量，将挡位切换到高速挡，并在体内产生许多其他的变化。这些变化可以用来帮助你击败敌人或远离敌人。

肾上腺素和皮质醇，这两种激素会触发一连串的体内作用。例如呼吸加快，输送更多的氧气到细胞中，以便为肌肉提供更多的能量；心跳加快，流到肌肉和其他器官的血液流速加快，源源不断的血液为胳膊和大腿所用；双眼的瞳孔放大，此时你看得更清楚。这一系列的身体反应，都是为了帮助我们“战斗或逃跑”。

科学家们认为，战斗或逃跑反应对于面对野兽的攻击和其他类似危险的原始人来说是非常重要的。

紧急状况结束后，一切就都恢复正常。但是，长期的战斗或逃跑反应会导致慢性压力，进而造成负面影响，例如认知障碍、情绪不稳定和生理疾病等。

强烈的情绪也会造成精神方面的损耗。当处于生理兴奋状态、受到过度刺激的时候，我们是很难集中注意力的。

根据大脑成像研究得知，当人类感受到强烈的情绪时，大脑的杏仁核区域会被激活。而这需要花费精力并动用位于大脑另外一个区域——前额皮层的情绪调节策略，来使自己冷静下来完成工作。同时，这种情绪调节机制本身就需要耗费精力。

不管你是因为焦虑、愤怒，还是高度兴奋，都会大量消耗精力。当然，兴奋是一种积极的情绪，而且比处在压力下的感觉要好太多了。但是，正如食糖后的兴奋，可能你在一段时间内会感觉良好，身体被带入一个生理高点的最佳状态，之后却跌入谷底。相比在保持冷静的状态下，你注定会更快地感到“被掏空”般的疲惫。

2. 过度忧虑会偷走你的能量

马克·吐温曾说：我的一生中曾有过很多担忧，但大多数我所担忧的事都从未发生过。高强度的消极思维——灾难化思维，会偷偷“吃掉”你的能量。

事实上，最消耗能量的思维并不一定直接和工作相关，而是，你一方面忧心忡忡，总担心事情往不好的方向发展；另一方面，潜意识里总是认为这些事情会让你疲惫不堪。

研究显示，忧虑过度跟疲劳有着密切的关系。在忧虑的时候，我们会想象并预设一些消极的事情，从而导致身体的压力水平直线上升，直接进入战斗或逃跑反应的生理兴奋状态。我们的身体认为自身处于危险之中，神经系统就会被高度激活：心跳加速、手心出汗、身体预备进入免疫应答状态。最终，我们因此变得无比疲劳。

如果你的脑海中不停地出现“这季度的业务完不成怎么办”“活动万一搞砸了怎么办”客户搞不定怎么办”等诸如此类的忧虑，这将成为一种慢性压力，偷偷消耗你的能量。

压力通常并不源于“事件”本身，而是源于“事件如果完不成怎么办”的忧虑。

假如一份工作，你已经搁置了很长时间都没有完成，每当想到它时，都会因为还没开始着手处理而感到忧心焦虑。你会一直记挂这件事，并不断计划怎样去完成它。恰恰是这种想法会大量消耗你的能量，甚至让你疲惫不堪。某一天，你终于把它完成了，而且只用了极短的时间。这时你就会觉得这件事其实并不怎么费时费心费力。然而，这持续了几周的紧张感却在一直消耗你的能量，让你身心疲惫。

（1）忧虑会导致思维反刍

忧虑会导致“思维反刍”，也就是反复、被动地思考，如同牛羊一样，将胃里的食物返回嘴里再次咀嚼。

这种思维方式虽然可以为我们提供一些新的想法和见解，但结果只能加剧情感上的痛苦。反复地体验痛苦给我们带来的伤害是巨大的。比如，你在职场遭受了不公平待遇，回到家还是会一直想着这件事，脑海里不断重演当时的情景，思考明天又该如何应对。这些思绪不仅会让你精疲力竭，而且随着你的睡眠受到干扰，身体也得不到休息和恢复。

（2）忧虑会导致灾难化思维

忧虑也会导致产生“灾难化思维”，也就是不理性地害怕某些恐怖的事情将会发生。俄国作家契诃夫的短篇小说《小公务员之死》，记叙了一个小公务员如何用灾难化思维把自己逼得无路可走的故事。这名小公务员在剧院看戏时不小心冲将军的后背打了一个喷嚏，便疑心自己冒犯了将军，他三番五次地向将军道歉，最后惹恼了将军，在遭到将军的呵斥后他竟然一命呜呼了。

现代人也可能会因为一件小事，就胡乱生出一连串灾难化思维：“如果我这个方案没做好，就会惹老板生气，接着就会被老板轻视，说不定还会丢掉工作，最后就会没钱付房租，甚至流落街头……”结果往往是，事情还没开始做，你已经觉得自己要完蛋了。这种消极思维让我们的压力水平直线上升，身体更加疲劳。

3. 忧虑会影响别人对待你的方式

当你的另一半告诉你一个好消息时，你的担忧会给他泼上一盆冷水。通常好消息意味着改变和冒险，一小部分人会因此而担惊受怕。

假设一个女儿告诉母亲，她被梦想的大学录取了。这是女儿多年奋斗的成绩。但母亲却自私地希望她没有被录取，因为这所大学路途遥远，女儿本可以进入一所当地的好学校。这时，母亲咬着唇不自然地说：“你好棒！”

没过多久，这位习惯性担忧的母亲又担心地说："如果你去外地上学，就不能经常回家了。"

母亲只是想让女儿考虑学校离家远所带来的问题，宁愿女儿离自己近一些。

女儿可能会这样回应："妈妈，难道你就不能为我感到高兴吗？"

忧虑有时也是对他人缺乏信心的表现。尽管你不是有意为之，但是，当你对某人表达你的忧虑时，其实就是在表示你对对方的选择和能力缺乏信心。

担忧也说明，你不认为自己的朋友或家人有能力做到他们想做的事情，或者你认为他们正在做一个不明智的决定。

当你频繁地表达担忧时，别人或许会认为，你是一个承受能力欠缺的人。你的朋友和家人可能会选择不告诉你，以免你只会为此担忧。他们很少让你知晓或参与一些事情，因为他们认为你是一个爱担忧的人。如果他人不愿听你说话，或者很多事都对你守口如瓶，你就会感觉自己被排斥，你们之间就会渐行渐远。

当别人对你隐瞒一些事情时，你就会开启烦恼：他们究竟隐藏了什么秘密。你的反应会让这个过程循环往复，同时，别人依然会认为你无法应对各种困难的事情。

也许你已经开始在意别人会如何看待自己这种过度担忧的行为，或者你已经注意到，担忧正在让身边的人远离你，下面的一些建议，可以帮助你尽量减少焦虑不安。

需要寻找一些方式来帮助你更容易察觉自己对焦虑情绪的表达。例如，请别人帮你指出焦虑行为，或者帮你回忆自己一天中说过的各种担忧的句子。焦虑已然成为你生活中的一部分，甚至你都没有意识到，自己是多么经常表达焦虑情绪。

当你察觉到自己在表达担忧时，思考一下是否有自己的立场，脸上是否有特别的表情，或者说话时是否使用了特殊的口吻。你需要了解自己是如何习惯性表达担忧情绪，这能帮助你时刻察觉自己的变化。如果你注意到，在表达担忧时自己会紧张，那就通过练习让脸部表情变得放松些，保持平稳的说话语气，深呼吸来放松你的身体。

如果你需要说出你对他人的担忧，那么时机的选择尤为重要。如果某个人收到了一个好消息，或者刚刚做了一个重大的决定，你首先应该为对方感到高兴或激动。如果情况不紧迫，你可以过段时间再提出内心的担忧。你要先评估导致你担忧的原因，是否有一个合理的理由，是不是自身的情绪导致了你对此事的担忧？

有时候担忧源自对未知的恐惧。你可能还在学习大学一年级的课程，却已经计划如何获得一张研究生文凭；或者你才刚刚开始找房子，就幻想如何搬进新家；又或是对于该如何度过本周剩下的时间一直感到焦虑。

为了帮助自己客观看待处境，你可以想象一下，一个还不识字的小孩，总想读懂大学课本，这会是一种怎样的感觉。任何时候如果你都只想着最终目标，会非常容易被情绪控制。换个角度来说，如果只关注当下正在做的事情，那么情绪管理就成功了一半。

4. 对情绪的严防死守也会产生内耗

通过对刻板印象的观察，我们了解到，他人的信念对我们的行为有着强大的影响力。刻板印象就像谎言一样，让很多人认为所有个体都有一个共同的性格特征或是一种行为方式。

（1）对自我的刻板印象

1968 年，罗伯特・罗森塔尔（Robert Rosental）和助手在一所小学给所有学生做了一次测试。然后他们告诉老师，基于这次测试，有一部分学生在未来一年里的学业成绩会大大超过其他学生。

这些被认为“更有潜力”的学生实际上是随机选出来的，并不是根据他们在测试中的表现判断出来的。到了这一年年底，这些被认为“更有潜力”的学生，智力测验成绩的确远高于其他学生。

这是一个令人惊叹的结果。学生本人和他们的父母都不知道，这项实验从头到尾，只有罗伯特及其助手知道。因此，他们得出这样的结论，老师会对那些被认为“更有潜力”的学生予以更大的期待和更多的帮助，他们会做出一些有助于提高这些学生学业水平的行为。

这个现象在心理学上被称为“罗森塔尔效应”，亦称“皮格马利翁效应”“人际期望效应”。这其实是一种对自我的刻板印象。他人的期待不仅影响着他们对待你的方式，也影响着你的行为模式，刻板印象就是一种期待模式。

如果你是一个情绪起伏不定的高敏感情绪者，你对自己的刻板印象就是懦弱、多愁善感、反复无常、脆弱、不可信赖、容易被击败、过度反应、难以伺候、比普通人缺乏专业性。这种刻板印象不仅影响着你看待自己的方式，还影响着他人看待你的方式。

20 世纪初著名的心理学家阿德勒讲述过一个故事：

有两个人同时丧失了一只臂膀。

一年后，其中一人心灰意懒，觉得伤残之人毫无生存价值，决定了此残生。

另外一人恰恰相反，他依然热爱生活，并对别人说，真不明白为什么上天要给我们两只手臂，他用一只臂膀就已经可以生活得很好。

从某种意义上来说，失去手臂的人是残缺的，但这并不能阻止他成为一个完美的人。

不幸对于进取者来说，也许正是幸福的开始。米契尔的事迹更加生动地说明了这一点。

一次机车意外事故，烧毁了米契尔身上 65% 以上的皮肤，为此他进行了 16 次植皮手术。手术后，他无法拿叉子，无法拨打电话，也无法一个人上厕所，但以前曾是海军陆战队队员的米契尔从不认命。他说："我完全可以掌握自己的人生之船，那是我的浮沉，我可以选择把自己的状况看成是倒退或是新的起点。"

令人意想不到的是，仅仅 6 个月后，他就又能开飞机了！

（2）越焦虑，就越有挫折感

不论何时，当你认为自己的高敏感情绪是他人对你的刻板印象时，就会害怕自己表现出“过多”的情绪，因此你的人际关系及你的工作将会受到影响。然而，你对情绪的严防死守会损耗自己的精力和注意力，以至不能全身心投入到工作和人际关系中。

因为担忧而增添的焦虑，会使你更难管理自己的情绪。你越焦虑，就越有挫折感；越不想出现失误，就越有可能将事情搞砸。

你可能每天工作前都会下定决心不要有任何情绪表现，生怕别人对你有负面评价。有时候也会担心自己无法应对工作而哭泣——你害怕一旦哭泣，就会被视为一个不够专业或脆弱的人。恐惧和担忧让你疲惫不堪、难以应对，结果，你会更加脆弱。如果这种情况持续发展，你会认为自己是一个缺乏能力的员工，你的工作能力会因此而削弱。虽然你不确定如果自己在工作场合哭泣会发生什么，但恐惧依然存在。即使你不确定被贴上高敏感情绪者的标签后会造成什么成果，但你仍然固执地坚信负面事件的确“会”发生。

那该怎么办呢？如果你担心别人对你有刻板印象，认为你是一个高敏感情绪的人，不妨坦承自己是高敏感情绪的人，或者用幽默的方式化解某些处境。如果你觉得自己的高敏感情绪无伤大雅，其他人会更加不以为意。你需要做到的是，无论别人是否接纳你，你都要学会接纳自己。

有些情况下，你不太能表现自己的高敏感情绪，这时可以使用一些策略调整情绪，让自己尽可能放松，或通过降低自己的整体紧张程度以达到放松。

(3) 给自己的忧虑设限

可以给自己分配一段“忧虑时间”。也就是说，每天选择一个固定的时间段，专门让自己去梳理和缓解忧虑。

2011 年，宾夕法尼亚州立大学的科研人员在一项研究中发现，如果不给忧虑设限，一个人很容易会从早晨不停地忧虑到晚上。相反，如果我们给忧虑设限，反而会降低忧虑情绪发生的频率和强度。

根据自己的生活习惯，每天为自己设置 10~30 分钟的“忧虑时间”，比如每天晚上 7 点到 7 点半。当我们和自己的忧虑达成这项“协议”后，这就意味着除了每天固定的 30 分钟时间以外，其他时间都不可以用来忧虑。我们这么做，并不是告诉自己不要忧虑，而是告诉自己不要让自己每天都在忧虑中度过。

Chapter 4

强迫型精神内耗

强迫症（obsessive-compulsive disorder）是指沉迷于完美、秩序、计划、清单、细节和清洁，甚至不惜牺牲灵活性、开放性和效率的一种思维和行为模式。

具有强迫型人格倾向的人，就会产生精神内耗，具体表现为反复确认门有没有锁好，洁癖、厌食症等。

1.“内在父母”与强迫型人格

童年时期，父母难免会强迫孩子做一些事，要求其做事要达到某种高度。成年以后，尽管我们脱离了父母的管束，但是精神上还是存在一个心理学上称之为“内在父母”的东西。“内在父母”还会强迫你，按照小时候父母所严格要求的一样去严格要求自己。所以，心理学中有一句话：幸运的人，一生都被童年治愈；不幸的人，一生都在治愈童年。

聪明的经理人、教练和家长朋友都明白：只是一味地让你的手下和子女不断努力是不明智的，使他们保持最佳竞技状态才是明智之举。

一个发条总是上得十足的钟表不会走得长久，一辆马力经常加到极限的车不会用得长久，一根绷得过紧的琴弦容易断，一个心情日夜紧张的人容易陷入内耗。所以善用表的人不会把发条上得过足，善驶车的人不会把车开得太快，善操琴的人不会把琴弦绷得过紧，善养生的人不会给自己太大的压力。同理，专注力强的人，不会过分强迫自己去专注；工作高效的人也善于保持一颗平常心，不会过分执着于不可企及的目标。

一方面，强迫精益求精成就了卓越的律师、工程师、编辑、会计师、公司高管等职场精英；另一方面，过度依赖这些理性和实际性，就会使一些人形成强迫型人格。强迫型人格者常见于讲究细节的职业中。

弗洛伊德认为，强迫型人格者具有条理分明、固执己见和躬行节俭的特征。然而，强迫型人格者过于追求完美、精确，拘泥于形式、章程及次序，因此导致了难以做出决策和喜爱拖延，这就干扰了工作的完成与目标的实现，进而又会导致焦虑。

有些人的强迫型人格的形成与父母的养育方式有关。这些人通常在幼儿时期就被父母用设定很高的行为准则进行约束。

儿童需要依赖父母所提供的食物和住处才能生存下去。令人揪心的是，很多父母并没有给儿童提供温暖与支持，而是采取高压手段，试图控制自己的孩子。许多人都有这样不幸的经历。

父母赏罚分明，对孩子好的行为大加赞赏，对差的行为严加指责。这种管教模式，也容易培养出强迫型人格者。

凯伦·卡朋特的《昨日重现》这首歌穿越时空，成为永恒的经典。殊不知，她也是一位强迫型人格者。1950 年，凯伦出生在美国康涅狄格州，自小和大她 4 岁的哥哥理查德一同唱歌，兄妹两人组建了一支乐队。

这对兄妹录制唱片的方式很有意思，理查德演奏基本的旋律，凯伦负责演唱。理查德在录音室里是个“暴君”，凯伦需要花很多时间在歌唱部分，对自我的要求相当严格。

因为唱歌，理查德和凯伦兄妹两人收获了许多鲜花和掌声，凯伦的母亲从不掩饰对儿子的偏爱，却吝于对女儿的赞美，她总是说理查德做得更好。

孩提时，凯伦因为肥胖而遭到周围人的嘲笑。17 岁时，被哥哥称为“胖家伙”的她一度重达 145 磅①。凯伦的母亲则称她不可能摆脱肥胖的问题。

其实，无论是歌唱水平还是人品，凯伦都是无可挑剔的。但是在母亲那里，她从未得到过认可。这很可能是造成凯伦成为强迫型人格者的原因之一。

批评式的父母往往扮演着“好警察”与“坏警察”双重角色，从而把自己的孩子塑造成他们所期望的样子。“坏警察”惩罚那些不可取的行为，而“好警察”则奖励那些可取的行为。不过这会导致孩子的恐惧和不信任，他们很快就会明白，只有事事完美才值得被爱。

凯伦从未放纵过自己，她滴酒不沾，更不会做违法乱纪的事。她的自律在娱乐圈中极其少见。她的这些表现也很符合强迫型人格的特质——具有很高的道德标准。

---

①磅：英制单位，一磅约为 0.45 千克。

这在某种程度上也可以视为她遵从社会规则并渴望外界认同的表现，这些社会规则自然也包括以瘦为美的主流审美观点之一。

1970 年，凯伦 20 岁，一曲“Close To You”使他们的乐队一炮而红，但她依然不满意自己的舞台表现。25 岁时，充满控制欲的父母依然反对她独居，这在美国是极为少见的。

29 岁时，凯伦第一次脱离了乐队，她开始独立工作。在音乐的道路上，凯伦曾经仅仅是哥哥理查德的追随者。

很长一段时间，凯伦个人的想法，甚至一些颇有建树的想法都淹没在哥哥理查德的个人意见和整个乐队的成功里。

然而当从架子鼓后面走出来时，她面对的却是外界对她外表的批评。在读到对自己体重近乎苛刻的品评文章后，凯伦非常伤心。她开始通过节食，使体重不断下降。

30 岁时，凯伦匆匆嫁给一个只认识了数月的离异地产商，奢侈的婚礼折射出凯伦希望有个幸福家庭的梦想。可惜她无法处理好与丈夫之间的关系，婚姻最终破裂。

随着事业的不断攀升，她变得越发追求完美，强迫自己不断减重。

在这世界上，凯伦最珍视的两样东西是：自己的嗓音和母亲的肯定。然而，这两样东西都是哥哥理查德的“专利”。她唯一能做的就是控制自己的身材。

1983 年 2 月，凯伦终因厌食症导致心脏衰竭而离开人世。

传记作家乔舒亚·肯德尔认为，尽管乔布斯从未被确诊为强迫型人格障碍，但他在饮食方面的混乱使他显然具备了厌食的特征。厌食也是强迫症患者的一种常见的强迫行为，这其实是一场争夺“控制权”的战争。

虽然乔布斯非常幸运地遇到了慈爱的养父母，但被领养的经历还是给他的心灵造成了一定的创伤。

与厌食类似的，还有强迫性的整容行为。迈克尔·杰克逊出生于 1958 年，他的父母一共孕育 9 个孩子，他在家中排行第七。父亲乔·杰克逊是个起重机手和乐队的吉他手，他一向都严格管教自己的子女。乔·杰克逊受教育程度不高，教孩子的方式也简单粗暴。

迈克尔 8 岁成名，10 岁出唱片，12 岁成为美国历史上最年轻的冠军歌曲歌手。1970 年，他们的热门歌曲“ABC”登上排行榜的第一名。

不只迈克尔唱的歌受到了人们的喜欢，他跳舞的风格更是受到了人们的喜欢。他独创的“月球漫步”更是受到人们的争相模仿。尽管这样，他仍得不到父亲的赞许，仍是时常遭到打骂。

迈克尔的排演都是在父亲的监督下完成的，稍有差错，父亲就会冲他大发脾气。他的父亲经常用皮带或衣架打他，或用点着的火柴去烧他的脚尖。

据说迈克尔的父亲在教他跳踢踏舞时，曾逼他在一块炽热的炉板上跳。在一次电视采访时，迈克尔曾这样描述他的父亲："有一段时间，只要他向我走来，我就会感到难受，甚至会产生强烈的呕吐感。"

迈克尔经常抱怨他的童年没有快乐。他在接受采访时说，当其他孩子尽情玩耍时，自己却不得不和兄弟们一场接一场地演出。

没有演出时，他们还要在练功厅里进行"魔鬼式"训练。年幼时的迈克尔经常会透过工作室的玻璃窗，看着外面愉快玩耍的小伙伴们，羡慕不已。

父亲经常说迈克尔长得丑，鼻子大得被人嘲笑，还对迈克尔说："真不知道你的大鼻子是从哪儿来的。"迈克尔说："这些评价让我非常难堪，有时我想把自己藏起来，有时恨不得死掉算了。可我还得继续上台，接受别人的打量。"

有一段时间，人们看到迈克尔戴着手套和口罩出现在公众场合，这是因为他害怕被人传染。强迫型人格者常有一种恐惧，害怕在接近其他人时受到病菌的污染。

26 岁时，迈克尔·杰克逊第一次做鼻子整形手术，从此之后又进行了多次整容。他本是个肤色黝黑、健康的帅小伙，整容后肤色变得苍白。杰克逊解释说这是一种叫白癜风的皮肤病造成的。

可以说，迈克尔·杰克逊长大后的强迫性的整容行为与其父亲的管教方式有关。父母的话对孩子的影响力，犹如传说中的“咒语”。世人再多的肯定，都不如父母在童年时的肯定。

某位以浪费胶片而闻名的导演，也是一位强迫型人格者。他曾拍过多部叫好又叫座的电影，却在生活中极度不自信。这源于他和母亲的关系。

从小，他的母亲就因为怕他骄傲自大而极少表扬他。当他考上一所著名的戏剧学院时，第一时间便兴冲冲地告诉母亲，母亲却把录取通知书往旁边一扔，说你看这堆衣服还没洗呢。于是，他只好放下录取通知书去洗衣服。

这位导演功成名就后给母亲买了房，母亲也不愿意去住。无论他怎么讨好母亲，母亲都不认可他，不会为他取得的成就而开心。在他看来，“自己跟母亲的关系”是他人生中最失败的一件事。

这一点很像乔布斯。乔布斯自述道，他一生所做的努力，不过是为了向生母证明——你抛弃我是个错误。

然而，乔布斯曾经邀请生母乔安娜到家里做客，甚至还特意以客人身份到生父约翰•钱德里的餐馆吃过几次饭，但拒绝与生父相认。后来，乔布斯的生母患上了痴呆症，他只能出钱让母亲享受最好的医疗照护。

需要指出的是，父母教养过严或过于放任，都可能使孩子形成强迫型人格。

另一种相反情形是完全“放养”的家教模式。比如家庭关系破裂或为生计四处奔波，父母双方皆对孩子采取不管不问的态度。这个时候，孩子可能会为父母的无能而羞愧，内心会为自己创造出理想的父母意象供自己效仿，进而形成一种强迫性动力。

2. 内在小孩与内在父母的冲突

每个人曾经都是一个小孩。即使我们长大了，心里也可能住着一个小孩。

1940 年，心理学家卡尔·荣格在谈及人格层面的“儿童原型”时，提出“内在小孩”这个心理学概念。内在小孩不是别人，而是我们的另一种人格。

越来越多的心理学工作者接受了“内在小孩”这一概念。比如，心理学家艾瑞克·伯尔尼认为，每个人的人格里面最为常见的三个情感层面，是内在小孩、内在父母，以及内在成人。

内在小孩是现有的人格里，与青春期之前的童年的自己十分相像的情感层面，这个情感层面与我们在童年成长过程中学到的和经历的一切紧密相关。

父母对我们的影响甚大，在成年以后，虽然我们肉体上脱离了父母，但是精神上还是会被“内在父母”所影响。内在父母，是指在我们童年成长过程中，父母的言行在我们身上留下的影子。

内在父母不是指实际生活中的父母，而是心理上的父母，同时也包括童年阶段可能给孩子带来深刻创伤影响的其他形象，例如，老师、教官、领导等。

“内在小孩”与“内在父母”的关系模式，形成于一个人的童年时期，主要是 6 岁前。一个人会产生内在小孩和内在父母之间的角色冲突，即，久而久之，孩子认为，例如需要被理解的需求是过分的，犯错是不对的，哭是软弱的。这些都属于精神内耗。

而内在成人，指的是人格相对来说较为客观、理智和冷静的一面。

很多精神内耗，内心的纠结、不可名状的情绪，都是你的内在小孩没有得到安抚，它正在向你呼救，渴求得到你的关注和同情。荣格说："内在小孩是一切光之上的光，是治愈的引领者。"

只有内在小孩被看见、被疗愈，并且与我们一同快乐健康地成长，我们的内心才会真正成长、真正感到快乐。

3. 强迫与焦虑

从"效能"的角度看，管理和控制是一种"必要之恶"，因此强迫似乎必不可少。然而，这是一种高度理性的"奔跑模式"，当一个人无法自由切换到自然的"行走模式"时，强迫就会变成一种障碍。

强迫性行为可能有害也可能有益。如果一个人喜欢这种状态，且能实现游刃有余的转换，这就不是"障碍"。判断是否属于"障碍"，关键不是取决于行为结果的好坏，而是取决于行为的内在驱动力。

高先生今年刚刚 30 岁，已经拿下注册会计师证书，并成为一名注册会计师。但他一度深受焦虑的困扰而需要寻求心理咨询。

高先生从小就被父亲视为家庭的希望，这使他对自我的期许很高，不停地鞭策自己全力以赴，无论是读书、求职还是工作。

高先生在努力工作的同时，也不愿意错过与刚出生不久的孩子在一起的美好时光。但陪孩子，就要暂停工作。因此，他希望咨询师能帮自己“取得工作与生活的平衡”。

高先生希望咨询师能帮助自己制订一个“计划”，这个计划既可以帮助他完成工作，又可以让他有足够的时间陪伴孩子，享受生活：如每天抽出一部分时间来健身，陪孩子玩耍，发展业余爱好等。此外，他还希望能有时间做公益、看电视、学习烹饪等。

高先生第二次去见咨询师时，带来了一个清单，上面详细地罗列了所有他想要完成的事情。

高先生觉得，如果咨询师能给他一个外部推力，帮助他完成计划，那么他的焦虑便可迎刃而解。

但咨询师的回复直截了当：这张清单恰恰是你的问题所在。

驱使高先生前来咨询的压力，正是他的压力源头—— 自己必须竭尽全力维持内心的平衡。

咨询师告诉高先生，他的生活看起来非常不错，但他却很难享受这种感觉。

高先生认真理性地思考着咨询师说的话。

咨询师从旁观者的角度向他建议：你需要对一些指导人生的基本信条做出调整，这样才能走出困扰。

4. 强迫所导致的内耗

强迫型人格者往往会受到某种驱使，比如“完美”或“控制权”，进而重复一些明知没有必要甚至有害无益的行为。

前段时间，韩国某明星夫妇陷入婚姻危机，女方公布了与丈夫共同制定的生活清单，男方需要注意的事项包括：

※ 夜晚外出喝酒须在 23 点前结束

※ 脱下来的衣服要放回原处

※ 需要洗的衣服要放到洗衣室

※ 吃剩的东西须自己整理

※ 一周清理一次猫厕所

※ 鞋子要摆放整齐

……

诸如此类的问题细致地罗列了一整页。这种强迫性行为，对人际关系只能起到负面的作用。

强迫型人格者不能容忍别人和自己违反规定。他们很难静下心来，更不会享受生活。他们一般不喝酒，因为害怕一杯烈酒下肚，自己会变得异常亢奋。他们崇尚健康的生活方式，即使高龄，也依然会强迫自己坚持体育锻炼。

由于乔布斯对家具过于挑剔，其房中很长一段时间都没有太多家具，床上只有一个床垫，墙上挂有一幅爱因斯坦的画像，地上放置一台 Apple Ⅱ。乔布斯曾对家里的厨房进行改造，这一过程持续了数年。在此期间，他与家人便在车库中使用一个电炉做饭。

乔布斯是强迫型人格者和嬉皮士的奇特组合，兼具强迫型人格和放浪的嬉皮士的特点。

嬉皮士，是英语 Hippie（或 Hippy）的音译，原来用于形容西方国家 20 世纪 60 年代和 70 年代反抗传统风俗和当时政治的年轻人。嬉皮士不是一个统一的文化运动，它没有宣言或领导人物。

嬉皮士用公社式的和流浪式的生活方式来表达他们对民族主义和越南战争的反对。他们提倡非传统的宗教文化，批判西方国家中产阶级的价值观。

16 岁那年，乔布斯用两大特征—— 个人主义价值观和齐肩长发宣布自己正式成为嬉皮士的一员。在乔布斯 23 岁那年，也就是 1978 年，同为嬉皮士的女友布伦南怀孕。

乔布斯希望布伦南把孩子打掉，但并不强求。布伦南考虑再三，还是决定留下孩子。后来，布伦南把孩子生了下来，为这个女孩取名丽萨。有趣的是，乔布斯坚决反对把孩子送人，因为他深知被人领养是什么滋味。

当布伦南生下女儿后，23 岁的乔布斯坚持说他不是这个孩子的父亲，并声称自己“不育”，不可能有自己的孩子，从而拒绝给布伦南抚养费。布伦南独自抚养女儿，生活艰难，甚至还需要依靠当地的福利制度才能度日。

在面对布伦南怀孕这件事上，乔布斯选择让自己置身事外。当别人质问他时，他说：“我不能确定那孩子就是我的。”

巧合的是，乔布斯和布伦南当时都是 23 岁，与其亲生父母抛弃他时的年龄相同。他当时并没有意识到这一点，后来才知道这个巧合，并十分震惊。

作家莫里茨发表文章披露这一事实后，乔布斯恼羞成怒。乔布斯认为正是这篇文章令他错失了被评为 1982 年《时代周刊》年度人物的机会。

2011 年，乔布斯因胰腺癌并发症死亡前的一年里，他的女儿丽萨每隔一个月就会去看望他一次。

有一段时间里，乔布斯病得很重，几乎无法下床，于是女儿丽萨决定去看望他。在去看望乔布斯之前，丽萨在浴室里用昂贵的玫瑰味儿面部喷雾，往自己身上狂喷了一阵。因为只有这样，她才敢去跟父亲告别。

“我们拥抱时，我都能感觉到他的椎骨、肋骨。他身上有股发霉的味道，流出的汗水中散发着药味。”丽萨说。

就在丽萨转身要离开的时候，乔布斯开口叫她：“丽萨。”

“怎么了？”丽萨问道。

“你闻起来像厕所。”

乔布斯的这一举动常人无法理解，他深深地伤害了女儿丽萨，以此作为对丽萨的报复。

弗洛伊德认为，强迫型人格者的锱铢必较、事必躬亲、克勤克俭都是对自己内心的不负责任、放纵不羁、叛逆愿望的反向形成。

乔布斯虽然以追求工作环境的整洁著称，但是另一方面，他在青年时期也曾经长期不洗澡，浑身散发恶臭，甚至把脚泡在公司厕所的马桶里。

自律与放纵、积极与怠惰、清洁与邋遢、秩序与混乱、节俭与浪费等并存，诸如此类的矛盾与挣扎，也是强迫型人格者内心普遍存在的一种冲突。

5. 完成高于完美

发生在人类身上的精神内耗，大多是因为觉得该做的事比实际能够做到的更多，或自认为能做到的比环境许可的更多而引起的。

事实上，完美是一个不可企及的目标。粗糙的完成，要胜过完美的准备。

（1）完美主义的利与弊

毋庸置疑，完美主义有其价值性，可以激励你做到最好，但是也有其弊端——它会带来不可能达到的高标准，导致担心焦虑，进而引起倦怠感。

职场上的完美主义会具有引发职业倦怠的风险。因为完美主义者给自己设定了不可能达到的高标准，他们长期生活在高压状态下。完美主义常常跟自杀倾向、焦虑症和抑郁症及不良绩效联系在一起。保持平静可以使你客观地看待处理工作的方式，并用相应的方式管理能量。

美国的 D. 伯恩斯教授曾做过一项调查，以此作为他研究工作效果和情绪健康的一个参考。他向 150 名每年收入在 1 万 ~ 15 万美元的推销员提出一系列问题，结果发现，他们之中约有 40% 是属于苛求完美的人。可以预料的是，这 40% 的人所承受的压力，比其余那些不苛求完美的人要大得多。但他们的成就是否更大呢？说来奇怪，答案却是否定的。这些苛求完美的人，没有任何证据显示他们的收入比其余的人高。

为什么苛求完美的人特别容易情绪不安，为什么他们的工作效果会受到损害？其中一个原因就是，他们以一种不正确和不合逻辑的态度看待人生。

实际上，追求完美的人由于经常遭遇挫折和压力，因此可能降低他们的创作能力和工作效果。

伯恩斯所说的“苛求完美”，究竟是什么意思呢？有些人以追求高水准为目标，他们要求的是合理的卓越表现，这种健康的追求，并非我们所说的“苛求完美”。当然，不重视效果的人根本就难以获得真正的成就。但“苛求完美的人”却强迫自己勉力达到不可能的目标，并且完全用成就来衡量自己的价值。结果，他们变得极度害怕失败。他们感到自己不断受到鞭策，同时又对自己的成就不满意。事实证明，强逼自己追求完美不但有碍健康，会引起诸如沮丧、焦虑、紧张等情绪不安的症状，而且在工作效果、人际关系、自尊心等方面，亦会招致失败。

其实，存在缺憾并不代表没有价值，例如断臂的维纳斯，她的美不仅征服了西方也征服了东方。曾几何时，多少艺术家绞尽脑汁，想为她重塑双臂，然而，欲成其美，适得其反。许多悲剧之所以那么耐人寻味就在于它的缺憾，留给观看者很大的思考余地。正如狄德罗所说："如果世界上一切都是十全十美的，那便没有十全十美的东西了。"月有阴晴圆缺，人有悲欢离合。卓越、出色者并非完美，奇才常常有大缺憾。美国总统林肯，不拘小节，嗓音粗哑，但他却是历史上最优秀的演说家之一。

为了帮助苛求完美的人戒除这个心理习惯，伯恩斯教授首先请他们列出追求完美的好处和弊端。一名向他求助的法律系学生只列举出 1 个好处："有可能我会得到优异的成绩。"接着她又列举出 6 个弊端：

※ 它令我神经非常紧张，以至有时连普通成绩也拿不到；

※ 我往往不愿冒险犯错，而那些错误却是创作过程中必然会发生的；

※ 我不敢尝试新的事物;

※ 我对自己十分苛刻，生活因此失去了乐趣;

※ 由于总是发现有些东西未臻完美，因此我根本不能松弛下来;

※ 我变得不能容忍，别人认为我是个吹毛求疵者。

根据这个利弊分析，她终于认为若放弃苛求完美，生活可能会更有意义和更有成就。

伯恩斯指出:“假如你的目标切合实际，那么，通常你的心情便会较为轻松，行事也较有信心，自然而然便会感到更有创作力和更有工作成效。我并不是鼓吹放弃努力奋斗，不过，事实上你也许会发现，在你不是追求出类拔萃成就而只是希望有确实良好的表现时，反而可能会获得一些最佳的成绩。”

你也可以用反躬自问的方式来抗拒苛求完美的思想，例如:“我从错误中可以学到什么?”你可以做个实验，想想你犯过的一项错误，然后把从中得到的教训详细地列出来。千万别放弃犯错的权利，否则你便会失去学习新事物以及在人生道路上前进的能力。你要牢记，追求完美心理的背后隐藏着恐惧。当然，追求完美也有一个好处，即无须冒失败和受人批评的风险。不过，你同时会失去进步、冒险和充分享受人生的机会。说来奇怪，敢于面对恐惧和保留犯错误的权利的人，往往生活得更快乐且更有成就。

（2）化解“完美之毒”

在很多情况下，“够好”即可。还行，就是“已经够好，不必更好”。这不是鼓励你在工作中偷懒，只做成“半成品”，而是请你不要奢望在每项工作的每个细节都达到完美，有些项目可能不需要那样的关注度。平静的心态可以让你从所需的视角来看问题，并且可以帮你决定什么时候“已经够好，不必更好”。

佛经中，我们生存的这个世界称为“娑婆世界”，意思是能容忍许多缺憾的世界。一方面，这个世界没有一样事物是完美的，一切都在矛盾之中；另一方面，你不觉得这种不完美本身就已经很完美了吗？

一位禅师想从两位徒弟中选一个做衣钵传人。一天，禅师对徒弟们说：“你们出去给我拣一片最完美的树叶。”

徒弟遵命离去。不久大徒弟回来了，递给师父一片并不漂亮的树叶，对师父说：“这片树叶虽然并不完美，但它是我见到的最完整的树叶。”

二徒弟在外面转了半天，最终却空手而归，他对师父说：

“我见到了很多树叶，但是怎么也挑不出一片最完美的。”最后，师父把衣钵传给了大徒弟。

世界上没有最完美的树叶，也没有绝对完美的事情。如果我们一味苛求完美，最后就会得不偿失。

害怕失败可以与苛求完美联系在一起。由于我们过多地考虑别人对我们努力的成果有什么看法，因此就会竭尽全力去把事情做好，这样不仅浪费了时间，而且在这一过程中还存在着扼杀自发性与创造性的危险。

缺憾是与生俱来的，即使想尽一切办法也是不能完全避免的。就算是利用基因技术将人的 DNA 组合到最完美的地步，随后也会有新的问题产生，这只能算是拆东墙补西墙。因此可以说，缺憾是伴随着生活的。

追求完美并没有错，可是不宜凡事都苛求完美。

追求完美的人最普遍的错误观念，就是认为不完美便毫无价值。比如说，一个每科成绩都取得优等的学生，偶尔在一次考试中有一科成绩拿了中等，便大感沮丧，认为那就是失败者。这类想法使苛求完美的人害怕犯错，而且一旦犯错后又会做出过分的反应。

他们的另一个误解是相信错误会一再重复，认为“我永远都不能把这件事做好”。苛求完美的人始终认为自己不会从错误中学到什么，只是自怨自艾，说:“我真不该犯这样的错，我绝不能再犯了！”这种自责态度导致其产生一种受挫和内疚的感觉，反而会使自己一再犯同样的错误。

Chapter 5

高敏感型内耗

高敏感者（Highly Sensitive Person，HSP）更容易捕捉到环境、情绪的变化，人际关系中的尴尬，其感受力出众，甚至读一本小说都会比别人发出更多感慨。高敏感是一种比较稳定和持久的人格特征。研究显示，高敏感人格在人群中的比例大约是20%，男女分布比例差不多。

1. 高敏感人群更容易出现精神内耗

高敏感人群，尤其容易出现精神内耗，甚至，已经成为生活当中的一种常态。伊尔斯•桑德在《高敏感是种天赋》一书里说道：与周围的人相比，我们高敏感情绪者更容易受到环境的影响，甚至为此痛苦不堪。

从某种程度上来讲，情绪高度敏感确实是一种天赋，但也是一种负累。你对他人的关心、欣喜若狂、强烈的情感联结以及对大自然的热情，都会为你的生活增添目标感、意义和满足感。但是，如果情绪反复吞噬你，你就不会将高敏感情绪视为一种天赋了。

假如你是一个高敏感情绪者，你的情绪反应往往会比其他人来得更快、更强烈，持续更长时间，或许每一天都会在这种情绪的挣扎中度过。学会管理情绪不仅能减少你的痛苦，还可以帮助你享受情绪带来的更多恩赐。

管理情绪要能承认和接受自己的情绪，用健康的方式应对不舒适的情绪，并且学会选择恰当的行为来管理情绪。例如，当你感到身体不适时，可能会纠结是否要找人来照顾活泼好动的小孩，可能会疯狂购物直到钱包空空如也，可能会暴饮暴食，可能会对着心爱的人大声吼叫。

高敏感情绪导致的这些行为，让你的生活变得更加糟糕。善于管理自己的情绪，才能停止内耗。适当的情绪管理能让你的人生向前一步，不被情绪拖累。

管理情绪意味着：你需要创造一个不同且能令自己更加愉悦的情绪。

尤其当情绪需要花很长时间才能消散时，以及这种情绪的强度与引发的处境完全不符时。比如，你不确定为什么自己会出现如此强烈的情绪波动，此时最好做些其他活动让截然相反的情绪出现。

例如，如果你感觉意志消沉或焦虑不安，观赏能让你捧腹大笑的表演或许有所帮助；如果你心中充满怨气，或许可以尝试观看一部恐怖电影，或是和爱人聊聊天，又或者只是简单地回忆往事，都可能对改善情绪有所帮助；如果你正在生某人的气，那么怀着悲悯之心去看待对方，或许就能改变你的情绪。

如果你是一个高敏感情绪者，大自然能让你的情绪不再飘忽不定，能让你有一种脚踩大地般的踏实感，能让你的内心变得平静。要想消除孤独，让自己心有归属，亲近大自然不失为一个很好的选择。赏闻花的香浓、聆听涛声的激昂、观看秋叶飘零，或是依偎在心爱的宠物身旁，这些都能让你在心力交瘁时迅速恢复元气。

事实上，高敏感人群可以从宠物身上获得相当多的抚慰，而他们的宠物也因此得到悉心的呵护。

2. 自卑和内耗，是高敏感人群的常态

心理学家伊尔斯•桑德认为，高度敏感型的人，会给自己设定很高的标准，用来评判自己的所作所为。

过高的标准，有时甚至会带来自卑感。演艺界人士李雪琴曾经参加过一个职业体验的系列节目。某次，李雪琴体验的职业是二手车检测师。李雪琴回忆说："一有人批评我，我就想给他跪下。"这是因为，高度敏感型的人，往往对自己要求过高，倾向于从自身找原因，进而让高标准转化为低自尊。这在旁人看来，不过是一种"玻璃心"罢了。

如果时时刻刻都高标准要求自己，难免会让自己更心累，甚至可能出现精神内耗。

高敏感人群可以检讨一下，是不是有必要时时刻刻，所有事情都一定要高标准要求自己？是不是可以"有所不为"？

适度降低自我要求，也就缓解了精神内耗。如果一直以来都对自己高要求、高标准，那么停下来就会让你非常焦虑。

此时，你可以从不太重要的事情着手尝试。比如，下班后，有人请你帮个忙。你可以回答："我很乐意帮你，但是只能到晚上 8 点半，因为我还有其他事情要做。"当你发现，某些事情即使没有实现自己的高标准，其实也没什么，那么所谓的"精神内耗"也就不复存在了。

3. 自卑与超越

阿尔弗雷德·阿德勒是人本主义心理学先驱，个体心理学的创始人。阿德勒自幼体弱多病，长大后身材矮小。他是家中排行老二，为了纠正他的佝偻病，父母经常把幼小的阿德勒绑在椅子上。

阿德勒最初是弗洛伊德的支持者，在与弗洛伊德分道扬镳后，他创立了个体心理学。即便取得了辉煌的学术成就，他也依然认为哥哥比自己更优秀。他结合自身的心路历程，写了《自卑与超越》一书。

阿德勒指出，怀有自卑感并不代表心理不健全，事实上，我们每个人都有不同程度的自卑感，关键在于怎样理解自己的自卑，并战胜自卑。

一些学者认为，生物化学方面的异常、易患病的基因、习得性恐惧、令人不安的思维方式等，都是形成回避型人格的原因。

心理学家戴维 • H. 巴洛在一项研究中发现，具有回避型人格者比其他人更容易回忆起在童年时使自己感到挫败的家庭氛围，以及认为父母不会爱自己或为自己感到骄傲。

许多研究表明，回避型人格者往往有一个强迫型人格倾向的监护人。他们内心所具有的羞耻感，是由于童年时期与批评型、拒绝型的监护人互动的结果。简单来说，回避型人格者回避人格特质的形成是由于童年时期受父母伤害而造成的。

童年时期，回避型人格者经常遭受父母的嘲笑，他们将这种屈辱的经历内化，形成消极的自我认知，认为自己不值得被爱，也不相信自己会真正得到他人的爱。

当然，对于戴维 • H. 巴洛的研究结论，我们也要持客观态度。因为这是一项回溯性的研究，是依靠被调查者的回忆报告所得到的结果。

但这个研究结果大致是符合我们的日常观察的。尤其在经济高速增长期，“只要努力，就会有回报”的价值观容易成为主流，出生在这种时代背景下的孩子，往往会被家长用这种价值观去培养。

因此，越是相信奋斗就能改变命运的父母，就越会对孩子高标准、严要求。但如果教育方式不当，孩子的主观能动性就容易受到挫伤。

父母是孩子的一面镜子。过于强势的父母，也可能会造就回避型人格的孩子。如果父母的眼中只有高远的目标，完全不顾及孩子的承受能力，孩子的自信心就会经常受挫。当孩子自知抗争只是徒劳的时候，他们索性就不再表达自己的想法。

强势的父母也不会征求孩子的意见，只知道要求孩子完成自己制定的目标。在这种家庭氛围中长大的孩子，充满疲惫感，更容易形成回避型人格特质。

回避型人格者其最大的特点是行为退缩，面对挑战多采取回避态度。这其实就是一种自卑心理，与成长过程中收到的消极评价有一定的关系。

4. 高敏感人群更喜欢回避

高敏感人群，更喜欢回避。回避的英文单词“avoidant”，还可解释为：逃避、畏避。回避是一种中性的说法。几乎每个人都有过回避的经历，尤其是当我们遇到艰难的人生处境时，为了缓解焦虑，会选择回避。可以说，回避是一种防御机制，根本原因在于因恐惧失败而逃避尝试。

高敏感人群对内源和外源刺激高度敏感，主要体现为以下4个特征：

※ 细节感知：对事物观察、体验细致入微；

※ 深入反刍：经历过的事件反复在脑海重演；

※ 情绪反应：情绪和反应更容易有所触动；

※ 刺激过载：感觉敏锐甚至容易引发不适。

敏感人群拥有发达的神经系统，而涉及感觉信息整合、同理心和社交关系相关的脑区更加活跃。

高敏感人群因为对情绪感受更加敏感，所以更容易觉察到他人的负面刺激，也更容易接收负能量。从而选择回避令自己情绪产生剧烈波动的人和事物，也更容易形成回避型人格。

所以，高敏感人群在情感、行为、认知上均存在更普遍的回避倾向。很多有回避型人格的人都是高敏感人群。他们害怕遭到拒绝、不被认可或受到羞辱，这也导致他们个人的目标或愿望也因回避而受挫。

回避型人格者执着于自我关注，以致常把挫败看得过于严重。他们还有一种完美主义倾向，所以常常被“不要轻易尝试”的世界观主导。这种回避，主要体现为亲密关系回避、社交回避和任务回避。

回避型人格者渴望拥有完美的两性关系、优越的工作，却不愿采取任何行动。

他们总会有找不完的借口逃避学习和工作。就算只是很简单的日常工作，他们也会在心里默念一些采取行动的前置条件。比如，“如果有一台新电脑，我就会去写这篇稿子”。这其实也是一种回避的借口。

回避型人格者喜欢在行为上回避引发不适感的任务。他们会觉得，“我如果做了，会感觉更糟糕”，或者干脆选择“我等会儿再做”。但过一会儿后，他们还会以同样的借口来逃避。

在认知方面，他们会回避那些可能会引发不适感的事情。

回避型人格者会把失败看得很严重，他们的回避行为常常是出于对自己的保护，所以常常会因恐惧失败而逃避尝试。

具有回避型人格者被“不要轻易尝试”的世界观主导了。他们内心存在一种信念：因弃权而输掉，总比努力却又注定失败强。

完美心态是造成他们回避任务的一个因素。要知道，完美只是一种理想目标而已，世界上不存在完美之物，即使是相对完美，也大多是从残缺过渡而来的。

信息技术领域的“迭代”思维，也可以指导我们的行动。先放手去做，在不完美中改进才是工作的常态。此外，一个宽松的、鼓励放手去做的领导环境，有利于员工克服工作回避的问题。

5. 让亲密关系不再纠结

在高敏感人群接纳和欣赏自己的特质之前，无论是与自己相处还是与伴侣相处，都会是一个巨大的挑战。高敏感与“回避型人格”高度相关。

电影《志明与春娇》向我们展示了回避型人格者是怎样处理亲密关系的。

“志明与春娇”是我国台湾地区中流传的俗语，象征爱情中的善男信女，就像梁山伯与祝英台一样广为人知。“志明与春娇”经常被人用来形容男女感情好。

电影中的志明，在与春娇建立恋爱关系的每个关键的时刻，都会逃避、退缩。志明就具有回避型人格倾向。回避型人格者还会通过各种方法来回避家庭生活，一般都热衷于加班、出差。即使在家的时候，他们也会以看手机、看书的方式回避与家人沟通。另有报告称，性生活不和谐的夫妻中，有不少人是回避型人格者。

回避型人格者有一个核心观念，认为自己是不可爱的。所以，即使在配偶或亲人面前，他们也很难敞开心扉。除非他们反复确认别人不会对他们产生厌恶感。

即使这样，他们还是会收集自己不被接纳的证据，所以他们的自尊感较低，常常感到抑郁。他们甚至会下意识地逃避亲密的人际关系。

他们对亲密关系是渴望的，认为如果能隐藏真实的自己，就能获取别人一段时间的接纳和关爱。回避型人格者的内心信念导致他们无法建立正确的恋爱观。在恋爱关系中，回避型人格者会选择“提前离场”。

他们会负面地预期未来发生的事情，比如，“我不值得她对我这样好，她现在没离开我，是因为她还没有真正了解我。我最好在这一切没发生之前，就结束这段关系”。

这种对感情的矛盾态度，来自对亲密关系的需求和对被遗弃的恐惧。

Chapter 6

倦怠型精神内耗

倦怠是指身体疲劳、懈怠、乏力，精神状态不好，对什么事都没有兴趣、没有动力，整个人比较懒散。倦怠感，是现代职场中的常见现象。医务工作者、教师、警察、IT从业者等都是职业倦怠（burnout）高发群体。

1. 职业倦怠，是精神内耗的普遍形态

职业倦怠是指个体在工作重压下产生的身心疲劳与耗竭的状态。最早由美国临床心理学家弗罗伊登伯格于 1974 年提出，他认为职业倦怠是一种最容易在服务行业中出现的情绪性耗竭的症状。常见症状为感觉精力耗竭、心理上与工作疏离，变得消极和愤世嫉俗，以及对工作麻木，工作效率下降。总的来说，患者感觉体力被消耗殆尽，严重者甚至会出现抑郁或情绪崩溃。导致职业倦怠的成因有很多：缺乏工作满足感，甚至未能掌控自己的工作节奏、长时间高度专注于工作上、工作与生活失衡等。

心理学家们把职业倦怠定义为感到压力大和精神疲劳。你甚至可能会经历人格解体。结果就是，你不再是你自己，而且无法以正常的水准来完成工作。

※ 工作上变得愤世嫉俗或爱挑剔；

※ 不情愿地逼自己去上班，到了单位又很难激励自己工作；

※ 消极易怒，对同事和客户变得缺乏耐心；

※ 缺乏高效能完成工作的能量；

※ 对所完成的工作缺乏成就感；

※ 对工作不再抱有憧憬。

工作强度不是我们在工作上经历倦怠的唯一原因，其他因素也起着一定作用，例如缺乏挑战和变化，或缺少能动性。

心理学家米哈里提出的进入心流状态的几个步骤，即确立目标、匹配难度、及时反馈。可以理解成为一种“积极成瘾”，是对冲职业倦怠的好方法。

2. 简化目标，可以有效降低内耗

当我们的大脑处于聚焦模式的时候，一次只做一件事。不要试图一心多用，要时刻提醒自己，研究显示那样做反而事倍功半。

（1）长期处于多任务模式，会削弱智力水平

当你试图做不止一件事的时候，比如一边写总结，一边和领导打电话时，注意力就需要在两个任务之间频繁切换，最终这两件事都干不好。

美国加州大学和麻省理工学院与微软联合开展了一项研究，他们跟踪了整天上网的人的工作习惯，发现那些频繁切换任务的人，压力水平更高，完成的工作量也更少。除了降低工作效能，也会导致疲劳和倦怠。

研究发现，有压力激素之称的“皮质醇”，在长期习惯多任务者血液中的含量往往过高。而这会伤害大脑的意志力和记忆力。

英国科学杂志《自然》（*Nature*）也曾刊登过一项研究——研究团队从国内找来 11 430 位受试者，请他们进行为期 6 周的在线调查。

结果发现，多任务所造成的压力，最容易导致大脑里负责掌管规划、分析、排序等执行功能的前额皮层和负责学习新事物的海马回受损。他们以此研究，对大众提出了警告。

（2）极简主义者可以缔造极大的成效

美国梅奥诊所医学中心的迈克尔·乔伊纳教授，是一位极大成效者。他发表过 350 篇以上的论文，获得过各种医学奖项。

乔伊纳会同时处理很多项目吗？恰恰相反，他坚信"一心不可二用"。尽量减少分心，消除那些跟工作无关的活动。

乔伊纳之所以成就斐然，在专业领域里缔造"极大成效"，秘诀在于他几乎在各个方面都追求"减少分心"。乔伊纳每天 4 点半起床，处理手头工作。这个时候，家人还在睡梦中，他可以心无旁骛地处理工作。等家人起来做好早餐时，他已经完成工作，和他们一起享受早餐。然后，他骑上自行车去上班。工作地点骑车十几分钟便可以到达。之所以选择骑车，一来避免交通拥堵，浪费时间；二来，可以锻炼身体。可谓一举两得。

乔伊纳并非眼界狭隘，闭门造车的专家。恰恰相反，他说："我每天会腾出 60~90 分钟的时间，阅读本专业以外的知识，这样做有助于激发新的创意。"乔伊纳做这种广泛的阅读，是因为他认为创造力对他的医学研究来说是非常必要的。广泛的阅读有助于激发创造力。他不会把时间或精力花在对使命不重要的事情上。他说："为了缔造极大的成效，你必须是极简主义者。"

你应该努力削减生活中无关紧要的事物，用心思考怎么运用最宝贵的资源：时间。

乔伊纳工作时不聊政治或花边新闻。虽然每天可以参加很多的研讨会和会议，但他通常选择婉拒，因为那些活动会扰乱他的专注力。为了把工作做好，"你需要婉拒很多事情，这样一来，当你承诺做某件事情时，才会全力以赴"。

乔伊纳也会强调道，婉拒别人当然不容易，"其实我可以住在纽约、波士顿或华盛顿特区，但我能受到明尼苏达州罗切斯特的吸引，是因为这里最能让我专注于最重要的事情：研究和家庭”。

（3）简化你的目标，才能停止内耗

心理学家米哈里认为，内在冲突是注意力分散、难以分配的结果。

欲望及不协调的目标太多，会竞相争夺精神能量，这种内耗会让你疲惫不堪。

因此，应付这种情况的最佳方法，就是挑出最基本的目标，把无关紧要的枝节目标剔除，并为保留的目标排定先后次序。

戴维·艾伦（David Allen）在其著作《搞定：无压工作的艺术》（*Getting Things Done*）中，讨论的一个基本前提是：我们的大脑是用来产生想法的，不是用来装想法的。空虚的大脑就是有效能的大脑，我们从大脑中清理掉的东西越多，就越能清晰地思考。

理查·J. 赖德是英国当代著名作家。有一年，理查和一群好友相约，到东非赛伦盖蒂大草原去探险。当时正逢东非遭受严重旱灾，赤地千里，酷热难耐。摆在理查和他的朋友面前的，是一条充满考验的、艰辛而漫长的旅途。

为了能够方便、安全地抵达目的地，理查在出发前便进行了精心的准备。他选择了一个大号的行军背包，带有食物、切割工具和挖掘工具。

理查对自己的背包很满意，认为自己已经为此次旅途做好了充分的准备。理查与他的朋友一道，背着大包小包的行囊，来到了一个土著人居住的村子，为此次探险寻找了一位向导。

他们找到当地的酋长寻求帮助，酋长专门为他们指派了一名经验丰富的土著人做向导。出发前，向导依照惯例细心地为他们每个人检视了行囊。

在检视完理查的行囊后，向导突然问了一句："理查先生，你认为你真的有必要带上这么沉重的东西吗？这些东西能够让你的旅途充满快乐吗？"理查一听，刹那间便愣住了。向导所提出的这个问题，他以前从未认真地思考过。理查陷入了沉思：是啊，背负着这么多的东西上路，有这个必要吗？这些东西难道都是此行中必不可少的吗？这些东西会让我的旅途充满快乐吗？理查思考的结果是：他发现背包里的东西，有些的确是此次探险旅行必不可少的，而且也的确会让他感到快乐，但有些东西其实纯属累赘，实在是不值得浪费太多的精力，背负它们去长途跋涉。

明白了"轻装前进"的道理后，理查便决定重整行囊。他将一些不必要的东西取出，馈赠给当地村民。沉重的背包终于变小了，变轻了，变得干净利落了，理查也因此而体验到一种从未有过的、卸去重负的快感。他不再感到束缚，不再有负重前行的疲累和烦恼。整个旅途，也因轻装前进而变得轻松愉快，变得趣味盎然。通过此次旅行，理查因此而得出一个结论：“生命里填塞的东西愈少，就愈能发挥潜能。”

从此，理查学会了在人生各个阶段中定期解开“包袱”，随时寻找减轻负担的方法。同时，他还根据自己的亲身经历和思考，写出了脍炙人口的畅销书——《重整行囊》。

如果你有做日程表的习惯，就会认同上述观点。如果你把所有的预约和会议都记在脑子里，肯定就无法清晰地思考。你永远都要分散部分注意力预测即将发生的事情，这会给你造成极大的压力。列出待办事项清单也具有类似的作用：将任务从大脑中“拿”出来放入清单中，做其他事情的时候，这个任务就不会对你造成干扰。你的思维会更加清晰——因此，你对自己在做的事情就不会感到那么内疚。

将任务和承诺外在化，会产生显著的效果：你工作时几乎不会感到任何内疚、担忧和疑虑。对过去感到紧张，你就会心生内疚；对未来感到紧张，你就会有担忧；对当下感到紧张，你就会有疑虑和压力。定好目标并制订完成重要任务的大致计划，这些感受都会逐渐消失，你的思维也会更加清晰。因为大脑里的东西外在化，意味着任务和承诺不会在你工作时闯入你的注意力空间。

3. 掌控能量，要学会“静心”与“抽离”

当我们是因为心理原因而感到疲惫的时候，仅靠休息就不起作用了。我们必须从精神上应对这些“熵增”因素。

提高效能的关键不是时间，而是精力。正如吉姆·洛尔在《全情投入的力量》一书中写道：能量，而不是时间，是提高效能和自我更新的关键。

一位巴西柔术高手透露，要想赢得一场柔术比赛，关键不在于力量，而是要学会自我放松，不要急躁，进一步释放紧张和压力。这位巴西柔术高手说，如果你投入全部力量来格斗，就会耗尽体力并以失败告终。最后的赢家是那些在压力下能保持冷静并保存体力的人，并且能够在最需要的时候有意识地释放能量。

（1）保持平静，持续前进

第二次世界大战的时候，英国政府制作了各种海报来鼓舞民众的士气。其中一幅海报写着“保持冷静，继续前进”

（Keep Calm and Carry On）。这幅海报是在德国人入侵英国之后准备的。

如今，“保持冷静，继续前进”成为一句流行语，经常出现在海报以及各种文化衫、马克杯以及社交网络的表情包中。

静心可以帮你保存心理能量，让你更加自如地发挥自控力，并且能够使你换个角度看问题，从而减少消极情绪的影响。培养平静的情绪可以让你保持一个好心情，并帮你不断达到目标，在不耗尽全力的情况下做到最好。

佛家经常用冥想来实现“入静”。在冥想中，摒除杂念，心灵澄澈，能够很快进入心流状态。

经过长期练习之后，哪怕不在冥想之中，也会更容易保持冷静，遇事不慌乱，集中注意力。换句话说，就是“精神熵”指数降低了。

（2）调动周围的积极性

当你身边围绕着的是在精神思路上与你相近的人时，“万有引力定律”则在发挥作用。如果你继续与低能量、愤懑、压力、害羞、憎恨的人交往，很可能发现生活会更加艰难。

如果你身边的人易怒，或易情绪低落，而你也感到情绪疲惫时，便有责任为自己创造恰当能量——不必与他们一同去体验消极气氛。无论与人争辩还是进行反驳具有多大的诱惑力，都应该待在平和的环境中。

(3) 学会抽离

不要低估了“无所事事”的价值。

东方文化从古至今都认为“静”是一种强大的力量，是能量的来源。

在《道德经》里，“无为”被描述为生命的诀窍。“无为”的字面意思就是不做任何事。老子推崇“为无为”，把“无为”当作“为”。这听上去像谜语一样，却是个蕴藏着深厚哲理的谜语。这句话可以理解为：平静就是“有为”中的“无为”。

如何保持平静？有时候，通过一个母亲管教孩子，你能感受到，她的内心是完全平静的。语气很坚定但不情绪化，似乎也没有大动肝火，不仅达到管教的目的，且一点能量也没有浪费。

经历像兴奋和紧张这样的激烈的情绪波动时，我们需要额外的自控力，因为随之而来的生理兴奋也需要控制。

平静的心态是轻松自控的秘诀。保持平静可以帮你专注于当下要执行的任务，让你更不容易分心。而集中注意力是自然而然发生的，不需要自控力。

平静有助于轻松自控还有另一个原因，就是你可以保存能量，从而不会感到那么疲惫。就像很多心理学研究所表明的那样，当我们筋疲力尽、能量耗尽时，自我控制力也被耗尽了。

如果你是个冷静的人，就可以轻巧地运用内在意识感知到内心活动。你会有意识地不让自己的情绪大起大落。你甚至可以以旁观者的视角观察自己的思绪。

把工作和生活混在一起，这很容易使人疲惫，尤其是当工作量特别大、工作时间特别紧迫的时候。

当遇到高要求、高强度的工作时，有意识地将生活和工作进行“心理隔绝”，是最快的恢复方式。

从心理上隔绝工作是最快的恢复方式，可以提高效率。

比如，可以让自己的住处和办公地点相隔远一些。学会丰富生活，分散注意力。在工作之余，发展自己的兴趣爱好，可以是园艺种植，也可以是琴棋书画，把快乐重新注入生活。也可以腾出时间拥抱平静，保持安静，比如去散步和远足。这样更有利于恢复元气，以更高效的姿态投入工作。

4. 深度工作，纵情玩乐

爱因斯坦有句名言："要想激发创造力，我们就必须学会像孩子般玩乐。"尽管作为成年人，我们可能丧失了玩耍的能力和童真，但是若想重新寻回也很容易。

认真和专注无疑是很重要的：你越是专注，就越能吸纳知识。无论是学习一项技术性技能，比如弹奏乐器或是电脑编程，还是学习一项知识性技能，比如如何从多篇文献中准确地提炼中心思，都需要认真与专注，这其实是一种"收敛式思维"—— 在已有的知识中通过逻辑和线性推理找出解决方案。

另外，我们还有一种与生俱来的"发散性思维"模式，指的是遇到问题可以想出多种解决方法的能力。从本质上讲，这就是意识流的头脑风暴。有些你能想到的方案并不能帮你解决实际问题，但是这些奇妙的想法和观点之间呈现出来的联系可以在无意间引出创新的解决方法。

这两种思维模式宜交叉使用，如果有所偏废，就会削弱我们与生俱来的创造力。

"走神"不好是有部分道理的：当人们想要保持专注时，"白日梦"会破坏效能。然而，"走神"是有其积极性的一面的。

如果我们想解决问题，要更有创造性地思考，想出一些新的点子或及时“充电”，“发散性思维”拥有非常强大的力量。就提升创造力而言，“走神”是最好的方法。

爱因斯坦把他的独到见解归功于线性思维和逻辑思考之外的东西。他在需要解决复杂难题或是汲取灵感的时候，会求助于音乐，他偏爱莫扎特的交响乐。他的一句名言也常常被人们引用：“一切伟大的科学成就都来自于直观的知识。我相信直觉和灵感……想象力要远比知识来得重要。”

弗里德里希·奥古斯特·凯库勒是19世纪欧洲最负盛名的有机化学家。在一个梦境中，他看到了那个著名的蛇吃尾巴形成的环形图案，从而发现了有机化合物苯的环状结构。

我们计划未来、从过去中学习，通过做白日梦获得非凡灵感。它帮助我们向内搜寻外部问题的解决办法——不管是解决数学问题，还是一些以前不懂的道理，总可以在某个灵光乍现的瞬间顿悟。最神奇的是，发散性思维模式可以让我们置身事外，更有意识地工作和游戏。

第一次听到“工作就是游戏”的论调，很多人都会不以为然。他们以为工作和游戏是怎么也扯不上关系的。工作是责任，游戏是消遣；工作重结果，游戏重过程；工作带来利益，游戏带来快乐；工作是不得不做的，游戏是可有可无的。

但工作毕竟不是受罚，享受它是每个人的权利。虽然目标和责任会带给人压力，可释放压力的途径无处不在，那些擅长把工作当成游戏来玩的人，能够把困难、枯燥和压力变成挑战、刺激和动力，这对生理和心理都是有益无害的。他们认为，不管是打电玩、泡吧、蹦迪还是斯诺克、卡丁车、斗地主，游戏里蕴藏的某些东西，比如投入、松弛、平和，的确可以轻易地化解工作带来的疑惧和担忧。

以出世的心态，做入世的事业，从本质上是一种超然结果而重视当下过程的"游戏"心态，是一种但问耕耘，不问收获的旷达。这样你就会被当下的工作滋养，否则就会被消耗。

游戏是很容易使人投入甚至废寝忘食的，因为你会从中感到快乐。游戏是让人松弛的，因为成败得失无关痛痒。游戏也是平和的，因为它只不过是一场游戏。当工作变成了游戏，心情也会舒畅许多，压力和烦躁依然，但是心境会不复从前那样。

看淡结果、享受过程的"游戏心态"是紧张的现代人应该拥有的，在快乐的状态下，人们总是会有更好的表现。人们经常把"工作的时候拼命工作，玩的时候拼命玩"这句话挂在嘴边。那要是在工作的时候也能加上玩的状态和心情，不是就有了所谓的“快乐销售”“快乐管理”“快乐英语”“快乐钢琴”“快乐足球”“快乐减肥”“快乐上班”“快乐加班”了吗?

想通后，你有没有发现那些在拼命的工作和娱乐之间找平衡的人是多余的了吧！因为无论你在做什么，都有权选择快乐；因为工作和游戏的本质一样，都是为了让人快乐。

管理学专家金伯利·埃尔斯巴赫提出，为了达到创造力最大化，你在安排工作日程的时候，应该在一些需要高度集中注意力的任务中间穿插更多不费脑的任务。给你自己和周围的人更多喘息的空间，让工作内容更加多样化，交替进行需要低专注度和高专注度的任务。

5. 用“积极成瘾”消解职业倦怠

恋爱中的情侣，大脑都会表现出成瘾的特征。情侣之间在彼此想念对方的时候，会陷入一种如痴如醉的状态。随着彼此间痴迷程度的加深，爱人就会寻求与所爱的人之间有越来越多的互动，这在成瘾研究中被称为“强化”。

他们对爱人念念不忘，表现为一种“侵入性思维”。这也是药物依赖的基础。而恋人的分离焦虑，则符合戒断反应的特征。

我们不能说成瘾是人性的弱点，也许人脑本来就是这样，只是一些人选择了错误的“奖赏回路”。那么我们可不可以利用成瘾机制的原理，做一些积极的、有益的事情呢？答案是肯定的。

我有几位朋友曾经都是“网瘾”少年，但他们最终都取得了不错的成绩，甚至能从网游中悟出一些道理，用来作为自己的工作准则。在这个越来越容易成瘾的世界，我们要学会与“瘾”共舞。

心理学家威廉·格拉瑟提出过一个“积极成瘾”的概念，烟酒、毒品之所以能让人消极成瘾，是因为它们给人带来了一种愉悦感。积极成瘾同样可以带来愉悦感，而且可以带来真实的快乐。

（1）设立一个合理的目标

《生命的升级：成为自己故事中的英雄》一书的作者史蒂夫·坎布，一生酷爱电子游戏，他后来想到，如果能弄明白自己为什么会对游戏如此上瘾，就可以利用这个原理，“围绕冒险为中心，而非逃避”来重塑自己的生活了。

坎布知道这些游戏是由一次次的晋级组成的：在第一级

中，你可以消灭蟑螂；在第二级中，你可以消灭老鼠；在第三级中，你可以消灭怪兽……当你提升到了足够高的级别时，你就可以和龙怪决斗了！

不断晋级的感觉真的很棒，我们会爱上这种来自大脑的奖赏。

还记得我们在第二章中的分析吗？网络游戏厂商为了让玩家上瘾，不会制定难度系数太低的开局任务，难度太低玩家会心生傲慢；当然也不会制定难度系数太高的任务，难度太高，玩家可能会放弃。

网络游戏厂商会设置一个恰当的难度系数，让玩家能轻松获得成就感，并让大脑获得“自我实现型奖赏”。

怎样给自己制定任务是一门艺术。无论是工作、学习，还是技能训练，都可以参考这一原理来进行。我们给自己设定一个合理的目标，那么当自己实现了这个目标的时候，就会获得与闯关晋级一样的兴奋感。

然而有时候，当挑战稍微超出你的能力范围时，你不知道接下来会发生什么，所以就会更加专注于这个挑战。这种挑战会让我们的大脑分泌多巴胺，让人兴奋和愉悦。

在阿里巴巴集团的内部，有一个执行力法则，叫作“尊重你的目标”。目标是不可以随意设定的，定低了不行，定高了完不成更不行。既然目标定了，就必须完成。

比如，在制定目标的时候，上个月的最高指标应该是这个月的最低指标。采用这种设定目标的方法，你就会有一种持续的进步感，那种来自大脑的“即时型奖赏”会鼓励你不断改进，持续进步。

当我们完成了阶段性任务后，我们可以通过各种方法犒赏一下自己，以强化这种行为。

（2）目标细分，及时给予反馈

艺人刘德华曾被媒体问道：“你这么多年可以这么努力的源头是什么？”刘德华说：“我觉得是一个习惯，把努力变成一种习惯，就不会有压力。”原来，努力也会成为一种习惯。

人生不是百米冲刺，而是一场马拉松，需要耐力和智慧，这样才能跑得远。

曾经，在东京国际马拉松邀请赛上，名不见经传的日本选手山田本一出人意料地夺得了世界冠军。当媒体问他凭什么取胜时，他只说了一句话——“凭智慧战胜对手”。当时很多人都认为这是山田本一在故弄玄虚。

后来，在意大利国际马拉松邀请赛上，山田本一再次夺冠。记者又请他谈谈比赛经验，山田本一依然说了那句话——“凭智慧战胜对手”。山田本一的这句话从此成了一个“未解之谜”。

几年后，已经退役的山田本一出了一本回忆录，道出了其中玄机。在回忆录中，他是这么说的：“每当比赛前，我都要乘车把比赛的路线看一遍，并画下沿途比较醒目的标志，比如第一个标志是市政厅，第二个标志是中央公园，第三个标志是一座红房子……一直画到赛程终点。

“比赛开始后，我就以百米速度奋力向第一个目标冲去，等到达第一个目标后，我又以同样的速度向第二个目标冲去。于是，40 多公里的赛程，就被我分成这好几个小目标，并轻松地完成了。

“起初，我并不懂这个道理，我把目标定在 40 公里外的终点线上的那面旗帜上，结果我跑到十几公里时就疲惫不堪了。我被前面那段遥远的路程给吓倒了。”

当我们把大目标分解成具体的小目标，并分阶段逐一实现，就可以获得成功的喜悦，形成一种“快速、积极的反馈”，进而有动力去实现下一阶段的目标。分阶段后所获得的每一次的小成功加起来，最后就是大成功。

几乎所有的体育教练都是切割目标的大师。美国职业橄榄球联赛教练比尔·帕斯尔斯曾带领纽约巨人队夺得两届“超级碗”冠军，他很赞同“即使小小的成功，也能大大地鼓励人们相信自己”的观点。

美国哈佛大学行为学家罗布里提出了“小目标成功学”。他认为，有些人误以为自己能一步登天，所以常做梦会一举成名，突然成为一个成大事者。

实际上，这是不可能的。原因有两个：一是能力不够；二是成大事者必须经过长久的磨炼。

这种制定任务的艺术方法，其实早已被游戏厂商所掌握。如果我们可以乐此不疲地点击十万次鼠标（打网游），那么，理论上我们也可以欲罢不能地从事任何日常工作，也可以据此设计出引导用户“积极成瘾”的产品。

(3) 提升自我效能感

心理学上有个概念，叫“自我效能”。它与自我能力感同义，指自信。自信与成功，就像“鸡生蛋，蛋生鸡”的关系。你的自信，会帮助你取得成功；而你的成功，又会帮助你建立自信。一般来说，成功经验会增强自我效能，反复的失败会降低自我效能。

曼德拉在南非监狱待了 27 年，但是一直都保持一种乐观的信念——他在内心深处相信种族隔离终会消失。当大多数人泄气、放弃的时候，曼德拉却一直坚信，肤色斗争终会胜利。那一天确实到来了，在世界各地人们的注视下，黑人在南非历史上第一次进行了投票，曼德拉在总统选举中最终以压倒性优势获胜。

对于这种乐观与自信，加拿大心理学家阿尔伯特·班杜拉提出过一个概念，叫作“自我效能感”，就是人们对自身能否完成某项事务的自信程度。通俗地说，就是“迷之自信”。

想取得成功，首先必须相信自己能成功。不是每个人都能进入理想名校，但如果你连第一志愿都不敢填写自己的理想名校，那就更加没可能了。

是否存在“迷之自信”，关乎我们的韧性。正如一位著名的管理学家所说：“一个不能说服自己相信能做好所赋予的任务的人，不会有自信心。”

所以，在工作和训练的过程中，要特别留心自我效能感这个心理学概念。它是指个体对自己是否有能力完成某一行为所进行的推测与判断。换句话说，就是“相信自己能做到”的自尊心与自信心。

能否实现高目标的关键，就在于自我效能感的高低。如果早早地取得一些成效，我们就更容易坚持下去。

很多减肥机构宣称可以帮助你在几周内减掉至少 3 公斤重量。这种减肥计划，是为了激发客户心中的自我效能感。如果能在第一周的体验阶段就减掉一两斤，客户的自我效能感就会立刻提升，大脑中的“多巴胺控制回路”就会勃然兴奋，客户就有了坚持下去的信心，就会充值成为正式会员。

初始的、多次叠加的小的成功体验，会慢慢建立人们的自信心，诱导人们建立“自我效能感”。

亚伯拉罕·林肯曾经说过：“人们对快乐有多少希望，他们就会得到多少快乐。”

“迷之自信”并非一种迷信，健康的自我效能感是一项天赐的财富。它有时会成为一个“自证预言”（Self-fulfilling Prophecy）：充满期待，满怀信心更有利于帮助你克服眼前的障碍。

俗话说，越努力，越幸运。关键是，如何才能“快乐地努力”？

《自然》杂志有一篇评论文章指出：“可以将大脑视为一个基本上是预期性的器官，它天生就是利用过去和现在的信息产生对未来的预测。记忆可被视为预期性大脑用于模拟未来可能事件的一种工具。”所以，提升自我效能感，有如下技巧：

※ 多次积累的小的成功体验；

※ 通过观察他人的成功经验，寻找适用于自己的方法；

※ 从他人口中听到诸如“你能”之类的鼓励；

※ 畅想未来愿景，唤醒积极情绪。

我们的大脑有因预期而产生快感的特性。这份快乐，比起得到实际回报时的快感，甚至可以说更强烈，而这份快感正是让人想努力的原动力。

这就跟我们看到纸张上所写的梦想及目标一样，大脑因为想象实现后的景象，所以因快感而分泌多巴胺。与“干劲”有关联的多巴胺，会促使我们付诸行动来达成梦想及目标。

将梦想及目标写在纸上之后，就要频繁地看着那张纸，甚至要做到即使不看，也能自然而然地想象出梦想及目标实现后的景象。

人们常说，若将梦想及目标写在纸上就容易实现；或是如果有想要的东西，也可以将照片及图片贴在周围各个角落。其实，这也与脑内的神经传导物质多巴胺有着密不可分的关系。人在感到幸福或高兴时，就会分泌多巴胺。

当人看到写着梦想及目标的纸张，或看到想要东西的照片或视频时，大脑就会引发联想，描绘出实现梦想及目标的画面，或是构造得到心爱之物的景象。

举例来说，当你一边想着买一部新手机，一边浏览介绍手机功能的测评视频，心情就会感到雀跃，这是因为大脑在想象自己买到那部手机时所产生的喜悦感。

一个人保持希望，才更有实现希望的可能。

（4）工作、学习皆可使人成瘾

当我们忘记时间，专注于做某件事，如打游戏，会觉得自己只是玩了一会儿，不足20分钟，但其实已经玩了将近两个小时。这种状态有点类似于心理学家说的“心流”。

当我们面临难度适中的挑战时，大脑会形成一个自我实现型奖赏的预期，就有可能进入一种心流的状态。那么我们在做某件事时，该如何进入这种状态中呢？

当一个人有过心流体验，网游、毒品都不再会对他有太大的吸引力。进入心流状态有两个关键点：

第一，我们要用积极的态度对待我们想要做的事情，因为大脑只会对我们自己感兴趣的事负责。就算是比较枯燥的工作，我们也要从积极的角度进行描述。这是进入心流状态的前提。

第二，我们所面对的这项工作（任务）要具有挑战性，也要具有可执行性，要难度适中。

当我们进入心流状态后，大脑中多巴胺的分泌量会增多。上文已经提及，多巴胺和我们对时间的感知相关，在心流状态下，我们会感到时间过得很快。

进入心流状态时，大脑中会建立各种平时没有的神经连接，使人产生巨大的创造力。这时大脑会分泌多巴胺、内腓肽、大麻素、催产素等多种激素，神经元之间建立各种连接，大脑产生强烈的愉悦感。

（5）塑造良好的习惯

微信上有一个记录运动步数的功能，它不仅是一个运动记录工具，也能让我们从此爱上步行。

当微信每天向你公布通讯录中朋友的运动步数排行时，智能手机的普及，已经为成瘾型学习产品的营销铺平了道路。就拿背单词来说，在没有智能手机的时代，学习者很难获得及时的积极反馈，大脑很少受到即时型奖赏。

而如今，学习者通过软件可以随时测试自己的学习情况。这种即时奖励的满足感可以激发学习者的学习兴趣和热情。有些学习软件甚至会和学习者一起“讨论”并得出一个难度适中的学习进度，比如把学习目标细化成小目标，又或者将某一种题型作为一个细分目标。

学习软件通过让学习者每天“打卡”，来引导其每天都学习，甚至和学习者“对赌”以刺激学习者的多巴胺分泌。这是和网游通关、完成任务就能获得奖励一样的设计逻辑。

可以预测，在未来，学习者都会主动学习，高压型、填鸭式教育将不复存在。

只有主动选择，我们才会感到快乐。如果是被迫的，就算是打游戏也是一桩苦差事。事实上，确定有人在网上靠打游戏，卖装备为生，但这样会使乐趣大打折扣。

2008 年，美国《小儿科》医学期刊刊登了一篇文章，为了让罹患癌症的青少年配合化疗，美国一家实验室打破常规，用孩子们能理解的语言来改变他们的行为。

他们的策略是开发一款名为“重生任务”的电子游戏。这款游戏一共 20 关，玩家在游戏中扮演一个纳米机器人战士，任务就是消灭血液里的肿瘤细胞。通过打怪升级，玩家可以掌握更多的有关化疗和康复的知识。结果，这款电子游戏有效地强化了青少年服药化疗的行为。

那么，为什么只玩一两关游戏，也可以有效地改变患者的行为呢？一位在斯坦福大学的营销学教授给出了解释："可以从营销学的角度来考虑这件事。我们可以用简短的电视广告来改变观众的行为，靠的不是释放信息，而是塑造一种认同感，'我要是也买一辆宝马轿车，就会变成这样的人；我要是也那样度假，就会变成环保人士'。"

原来，通过游戏，青少年知道，化疗不再是简单地与病痛做斗争，而是在和病魔做斗争，所以，他们必须接受化疗，战胜病魔，夺回本该属于自己的人生。那时，你的大脑就产生了对晋级型奖赏的渴望，当你看到好友的排名在前面时，就有一股无形的力量促使你坚持运动。

当你位居前列时，大脑就会获得一种晋级型奖赏，并产生优越感。

Chapter 7

抑郁型精神内耗

很多抑郁者曾经深受精神内耗所扰。当一个人处于精神内耗时，就会被剥夺当下的快乐，而不断地对过去悔恨，为未来而焦虑，精气神不断被消耗。抑郁这只“黑狗”就会悄然而至。

古希腊医师希波克拉底曾将人的气质分为四种：胆汁质、多血质、黏液质和抑郁质。尽管人们对抑郁的研究已经有2000多年的历史，但我们对抑郁的了解仍知之甚少。

温斯顿·丘吉尔曾经把抑郁叫作“黑狗”，J.K.罗琳则把它叫作“噬魂怪”，这种感性的描述，大致相当于中文的“黯然销魂”。

抑郁（depression）是指一种长期、持续的消沉心境。从比较健康一端的温斯顿·丘吉尔与“黑狗”的对抗，到另一端严重抑郁症患者的自罪妄想，都可划归抑郁的谱系。

1. 抑郁的反义词不是快乐，而是活力

研究发现，大部分抑郁症患者，都是能够感受快乐的。其实，最典型的抑郁型人格，是像马龙·白兰度这种“钢铁直男”。

不得不承认，世界上确实有“演技”这种东西存在。

马龙·白兰度因影片《欲望号街车》而一举成名，这让他收获了无尽的声望和财富。“仿佛一觉醒来坐在糖果堆上”。但他承受不住这种名气，感觉自己“才不配位”，不过是个骗子。于是，他不得不求助于心理医生。

对自己的消极评价是抑郁型人格者的一种长期的思维状态。抑郁型人格者还存在一种根深蒂固的无价值感。尽管马龙·白兰度拍了不少佳作，但他一直贬低自己拍过的电影，蔑称这只是“没钱吃饭”才从事的职业。

马龙·白兰度结过 3 次婚，3 个妻子和他都是在拍戏时相恋，而且都是奉子成婚。他的生活一地鸡毛，和异性的关系也是混乱不堪。他的内心仍充满抑郁和焦虑。

抑郁与忧伤是不同的。比如，忧伤总会慢慢淡去，即使情绪跌入谷底，也不至于陷入沉沦。但抑郁性的认知、情感、意象与感觉，会以持久、隐蔽、有序、缓慢的形式渗透、蔓延，

犹如凛冬慢慢降临。

只有绵延数周不见减轻的悲伤，才能叫作抑郁。很多时候，抑郁的反义词不是快乐，而是活力。打一个粗浅的比方，对于一个严重抑郁的人来说，就算地上掉了一张百元大钞，他也懒得去捡。

2. 内耗是抑郁的温床

抑郁是内在能量消耗枯竭的表现。人的精力是有限的，当你内耗过多的时候，外在能投入生产的自然就少了。

你只有 100% 的能量，如果 80% 都在内部进行自我对抗与消耗，自然会很累，没有活力再去应对外界事物。

不少抑郁症患者都能感受到欢乐，他们甚至还具有出众的幽默感，比如，谐星憨豆先生、以幽默著称的作家马克•吐温都曾受困于抑郁。

抑郁型人格者内心存在一种无价值、无意义的情绪，占主导的心理状态是消沉、萎靡不振，而不是悲伤。他们对自己的评价是消极的。

脑神经科学研究证明，当一些亚型抑郁症患者期望快乐和行动时，他们的大脑中负责解决矛盾冲突相关的区域的活动增强了。

一个健康的人，每做一件事，每一次行动，每一个步骤，都有快乐的感受，这是直接的奖励。这种积极的反馈会驱使他们不断行动。然而，某些业型抑郁症患者却要经历情感上的痛苦、失望和困惑，但不是缺乏快感。

因此，抑郁与内耗，往往是一种“鸡生蛋，蛋生鸡”的关系。精神内耗是抑郁的温床，而抑郁又加强了精神内耗。

停止内耗的方法，不是妄图一步到位，而是先接纳，再正视，最后找到化解的方法，如若不然则只会陷入一种恶性循环。对于内耗也一样，你不需要去认可或喜欢它。你所要做的不是恐慌，而是等闲视之，再去做优化。

3. 童年创伤与抑郁型内耗

抑郁型人格的形成，与童年的经历有关。按照弗洛伊德的理论来说，早年的丧亲体验是个体产生抑郁心理的基础。年幼失怙、被遗弃是产生抑郁的根源之一。

（1）自罪倾向

邓先生就职于一家互联网创业公司，他也曾长期处于抑郁状态。

据他讲，他很小的时候，父亲就和母亲离婚，各自组建了新的家庭。于是，邓先生时而在母亲的新家庭中生活一段时间，时而在父亲的新家庭中生活一段时间。

就在这种动荡不安中，邓先生慢慢长大。但邓先生始终觉得自己不属于两边任何一个家庭。

长大后，邓先生对自身、对世界、对未来都存在着不同程度的消极看法。他对自己的评价是“悲观主义者”，常常自我憎恨。这种自我的负面评价，在邓先生步入青春期之前就开始了。

邓先生在工作中尽职尽责，但他对自己的胜任力持怀疑态度，这妨碍了他发挥自己的最大潜力。

当然，他对别人的评价也很苛刻，但往往以辛辣的黑色幽默表达出来。他喜欢对别人评头论足，在人际交往中也常常表现出愤世嫉俗、易激惹和不耐烦，所以也经常得罪人，这也造成了他孤僻的生活方式。

有人曾让他形容自己的感情，他用了“了无生趣”一词。他曾服药治疗过一段时间，但起色不大。困扰他的情绪状态是“消沉”和“无能”感。他在接受治疗前办了离婚手续，他相信没有自己，妻儿会过得更好。

抑郁型人格者普遍有着较高的“道德水平”，他们自我憎恨的程度远超出自己的实际缺点。一种常见的抑郁状态是：“我不够好，我有缺陷，我自作自受，我就是罪恶……”

抑郁型人格者会铭记自己的过错，反复回忆。这种反躬自省，让他们对自己的优点、善举熟视无睹。

还有一种亚型的抑郁状态是：空虚，寂寞，孤独，渴望得到他人的关心。

很多抑郁型人格者都是完美主义者，他们工作努力，做事认真，总是有着很高的标准。但是，他们经常会看到事情不好的一面及可能存在的风险，过高估计负面影响，过低估计正面影响。而这常常会妨碍他们在工作中发挥自己的最大潜力。

(2) 自我挫败

认知学派的心理学大师亚伦·贝克总结出了抑郁型人格的“认知三合一”理论，即抑郁型人格者的消极认知集中在三个方面：对自己消极的看法、消极的当前体验、对未来消极的看法。

抑郁者对自身、现在、未来均存有消极、悲观的看法。所以，他们的自我评价偏低，身上存在自我挫败的特质。自我挫败和自我成就是相反的两个概念，自我挫败是自己主动寻找挫败。

武侠小说家古龙，有一则广为人知的作者简介："原名熊耀华，出生于 1936 年。自小身世飘零，性格孤独沉郁。"

古龙的父亲名叫熊飞，也是一名武侠小说家，曾用笔名东方客。古龙儿时，父母关系不和。最终，父亲为了另一个女人离家出走。古龙对自己的身世绝口不提，直到父亲年迈因帕金森病住进医院，登报寻子，朋友们才知道他的身世。

古龙具有抑郁型人格特质，他笔下的故事里的主角，也有很多都受困于抑郁。

古龙的小说中充满了这样的"病态主角"：明明可以战胜对手，却因为自我否定，放弃了战胜对手的机会；明明可以得到美好的爱情，却临阵退缩了，放弃了得到美好爱情的机会。这种写作风格，很可能与古龙本人的心境有关。

古龙本人并不是贪恋酒的芳香，他通常的饮酒方法是整杯往嘴里倒。

很多抑郁型人格者总是陷入消极的自我否定当中，无法自拔，自然也就失去了挑战与自我实现的动机之源。

亚伦·贝克认为，消极的认知过程是抑郁的根源。它是由自我挫败的思维方式造成的。自我挫败的思维方式，是指一个人消极地否认自己的能力，以及自己做某事能够成功的可能性。

在这样一种信念下，一个人会干脆放弃行动和努力，或者做事时心不在焉，致使结果不尽如人意或彻底失败。而这又反过来强化了他先前的自我假设。

4. 挫败经历与抑郁型内耗

一些心理学家认为，抑郁是一种习得性无助。也就是说，长期持续的挫败会让人认为，行动也改变不了什么。

先让我们看一看人是怎样训练跳蚤的，跳蚤被放进一个玻璃瓶里，盖上一个透明的盖子。当它们猛力地乱跳乱蹦时，脑袋就会撞到瓶盖上。在这样一而再，再而三碰壁之后，它们就会忘记自己的蹦跳能力；为了免得脑袋撞到瓶盖，即使揭去了瓶盖，它们也不会再蹦到瓶子之外。由于连续的失败，跳蚤只会乖乖地待在瓶子里。习得性无助，也会让我们把自己关闭在“玻璃瓶”里。

其实，谐星憨豆先生、幽默作家马克•吐温都是抑郁型人格者。他们的抑郁型人格特质很大程度上来自生活的磨难。

J.K. 罗琳是当今世界版税收入最高的作家之一，同时也是一名抑郁型人格者。罗琳于 1965 年出生于英格兰西南部的温特伯尔尼恩市，父亲是一名退休的机场管理人员，母亲是一位实验室技术员。

中学的时候，罗琳性格内向，但很擅长编故事，经常把自己的好朋友编在自己虚构的故事中。罗琳的中学老师摩根夫人喜欢测试学生的智商，并据此安排学生们的座位。罗琳认为，这种糟糕的教学方法所带来的精神创伤要比体罚还严重。

摩根夫人还认为罗琳是个笨学生，但罗琳却认为自己不笨。后来，罗琳选择报考牛津大学，但很可惜没有考上。罗琳后来就读的是离家很近，却没有名气的埃克塞特大学。在大学期间，罗琳读了著名的幻想小说《指环王》。

罗琳的想象力非常丰富。父母认为，罗琳过于活跃的想象力只不过是可笑的个人怪癖，将来可能让她无法养活自己。

后来，父母担心的事情真的发生了。

罗琳一毕业，便面临失业。大学毕业后，罗琳在伦敦过了一段漂泊的日子。刚开始的时候，罗琳靠打零工糊口，但这并不能真正让她生存下去。

在伦敦漂泊期间，罗琳曾去曼彻斯特找大学时相识的男朋友，但因为一些原因，没有在曼彻斯特待下去。在返回伦敦的火车上，罗琳一直望着窗外的风景发呆。恍惚间，哈利·波特这个虚构的形象浮现在她的脑海里。

罗琳的母亲名叫安妮，身患多发性硬化症。罗琳 12 岁时，母亲因疾病所困已经拿不起茶壶，最终于 1990 年 12 月去世，年仅 45 岁。

母亲的离世对罗琳的心理打击很大，它不仅改变了罗琳的生活轨迹，也改变了《哈利·波特》故事的走向。有一段时间，罗琳都是漫无目的地生活着。

在感情的世界中，母亲的离世算是一个打击，然而还有一个重大的打击在等待着罗琳。罗琳曾和一位葡萄牙记者结婚。婚后，罗琳并不幸福，经常与丈夫吵架，最终她被丈夫赶出家门。

唯一让罗琳感到安慰的是，她身边还有女儿杰西卡相伴。离婚后的罗琳独自抚养女儿，生活异常艰辛。因为生活的艰难，罗琳在那时可能就已经有了抑郁的倾向。罗琳甚至在《哈利·波特》中将“抑郁”化身为“噬魂怪”，即哈利·波特的敌人。

罗琳曾在采访中说：“如果别人从来没有体验过抑郁症，就很难向人们描述身患抑郁症是什么感觉，因为它不仅仅是悲伤一词能概括的了。”

受困于抑郁症的罗琳，花了 9 个月时间接受心理治疗，抑郁的症状才有所缓解。意兴阑珊之中，罗琳几乎要把写作事业放弃了。幸亏有妹妹的支持，罗琳才坚持写作。罗琳承认，如果不是妹妹的肯定与鼓励，自己很有可能会放弃写作。

罗琳最喜欢说的一句话是：“人生来就是受苦的。”这种认识，也是她战胜抑郁的一种重要力量。

抑郁，也许只是一种极端的内在能量的消耗模式。开创客体关系理论的精神分析学家梅兰妮·克莱因，主张把抑郁从疾病的范畴中独立出来，并把沮丧、悲伤、悔恨、内疚、孤独等抑郁体验，作为一种人生中必然会出现的时刻，而承受和忍受情感痛苦的能力是我们精神生活的重要组成部分。

Chapter 8

自我挫败型内耗

对自己过分苛责，会成为一些人的思维定式。从短期看，自我批判能获得一些成效。但长期、过度的自我批判，会让一个人变得自卑。

严厉的自我批判，有时候会变成“自我实现的预言”。本杰明·富兰克林曾言：“一个人失败的最大原因，就是对于自己的能力永远不敢充分信任，甚至自己认为必将失败无疑。”

追求快乐是人的本能，但有时候爱担忧的人害怕自己快乐。

他们认为，如果允许自己快乐，有些事情就会发生，并掠夺你快乐的心情，毕竟与一开始就不快乐相比，失去快乐的感觉会让人更加难过。

所以，当有一件事能给他带来快乐时，他会自动寻找一些方式让这件事看起来并不愉快。

这其实是一种自我挫败。所谓自我挫败（self-defeat），就是由于自己的某些生理、心理因素而限制某些行为动机的心理倾向。

1. 为什么有人总“关键时刻掉链子”

曾看到过一则新闻，说某地基层公务员因违抗上级的提拔命令，受到了纪律处分。普通人求之不得的升迁机会，他却视为畏途。其实，这很可能是一种自我挫败的思维方式在作祟。

自我挫败的思维，是指个体消极否认自己的能力和着手做某事成功的可能性，在此假设前提下，个体或是干脆放弃行动努力，或是行动时畏首畏尾，致使行动不尽如人意或彻底失败，而这又反过来强化了他的自我假设。“自我挫败型精神内耗”，是指有甘愿受苦、抱怨、不断自我伤害和自我贬低等倾向的思维方式，以及伴随的潜意识愿望：以饱受痛苦去折磨别人。

甚至有时候，他会替别人做出同样的决定。例如当朋友遇到什么好事时，他会提醒朋友，要多注意这件事变糟的迹象。

尽管从现实的角度来看，他是在做一件理智的事情，不仅考虑了所处情境的有利之处，也考虑了可能出现的困难，可是，如果一个人不敢去享受生活中那些积极美好的事物，就不能完全体会到人生的幸福。

心理学上有所谓自我挫败型人格的说法，指的是不愿意过得愉快，也不允许别人帮助，并过分自我牺牲的人格。他们在生活中完全有其他选择，但时常故意做出毁灭性的行为。比如一名男子总是对朋友食言，即使这些承诺是很容易兑现的；一名大学生守着一份低端的工作，但以他的才华和学历完全可以胜任更高端的工作。

严厉批评自己的个体，在他们选择伴侣的时候，常常会和自己对着干。社会心理学家比尔·史旺认为，人们依其长期秉持的有关自我的信念和感受而被他人了解，即所谓的“自我验证理论”。也就是说，他们渴望自身的自我观得到验证，因为它有助于提供生活中的稳定感。比如，一名女子总是选择“渣男”做伴侣，而且随时准备为他们牺牲一切。

如果发生了什么好的事情，自我挫败型人格者马上就会破坏这件好事，比如，在得到众人羡慕的提拔后，很快就会犯一个会导致自己被解雇的错误。

2. 自我挫败是精神内耗的极端

精神内耗的表现为对现实感到痛苦，但又无力改变，这种无力可以是主观的，也可以是客观的，最终只能在精神上通过折磨自己——比如自虐（自我挫败）来宣泄。

自我挫败型内耗是以自我挫败行为为主的行为模式。定义自我挫败型内耗，要从生活的方方面面去寻找证据，如工作、社交、情感、休闲活动。

曾经有心理学家建议将“自我挫败”作为一种病态人格收录到官方的精神疾病手册中，但可能性不大。因为它常常是伴随着另一种人格存在的，如依赖型人格、回避型人格、被动攻击型人格和边缘型人格。

同样是面对升迁，不同人格者会基于不同的动机做出“自我挫败”的举动：抑郁型人格者对自我评价往往是消极的，所以他们会因怀疑自己的能力而制造理由拒绝升迁。

依赖型人格者拒绝升迁，是因为害怕承担责任。

回避型人格者拒绝升迁，是因为害怕暴露在更多人的目光之下。

被动攻击型人格者则会为了和上级怄气，通过不配合上级的安排来攻击信任自己的上司。

边缘型人格者可能一开始特别想要获得领导的提拔，但突然就不感兴趣甚至厌倦了。

定义自我挫败型人格者，要从细节方面入手，从而得到论证。

“自我挫败”这种病态人格概念一旦被官方认可，肯定会带来不良的社会影响。比如，律师可以指责那些遭受家暴却没有离开的女性有自我毁灭型人格特质。因此，自我挫败型人格只能作为一种谈资存在，不可能获得官方的认可。

3. 不要“自我挫败”，而要“自我同情”

自我同情（self-compassion），顾名思义，表示你对自己充满同情，对自己更友善，对自己的缺点能够给予更多的包容，并且能以更广阔、更睿智的视角来看待问题，体察到自己的需求，在遇到挫折的时候能够安慰、激励自己。这就是心理学上所谓的“自我同情”。

（1）用自我同情代替自我批判

过度的自我批判会激发交感神经系统，触发战斗或逃跑反应，并且会提升皮质醇等应激激素水平。当这种刺激掌控大脑时，我们就不能学习或是接触到那些可能对自己有用的事实的精髓。消除自我批判的最佳方式是接纳它，对之抱有同情之心，并代之以友善的自我同情。

正确的自我同情主要体现在以下三方面中：一是自我友爱，以友善的方式对待自己，而不是过分苛责。二是体验普遍的人性，感受与他人之间在生命体验上的契合，而不是被自己的痛苦所孤立和隔离。三是保持正念，即对自身的体验持以平衡的觉察，而不是忽视或者夸大自身的痛苦。

哺乳动物生来就有一种依恋系统，以使照料者和幼崽之间建立强烈的情感纽带。爬行动物则不同，它们一旦产蛋之后，就不再关心儿女了，甚至会吃掉它们。自我同情会激发哺乳动物的依恋系统，与亲密和爱情相关的激素——催产素也会随之释放。所有哺乳动物的大脑中都有一个依恋系统。每当你感受到温暖和爱，这个大脑回路就会被激活。如果将你此刻的大脑做一个详尽的图像呈现，就会看到它是如何工作的。关怀回路会释放催产素和天然麻醉剂，让你产生一种温暖的感受和被爱的感受。

（2）关怀与营养都是强烈的生存需要

研究发现，不安全依恋的个体比安全依恋的个体具有更少的自我同情。与其过度地自我批判，不如学会自我同情。当你开始进行自我同情的训练时，关怀回路将成为你最忠实的朋友陪伴着你。

美国心理学家克里斯廷·内芙教授，是自我关怀领域的创始人。她曾在自己撰写的《自我同情的力量》一书中，对自我同情的概念进行过非常详细的解释。内芙教授认为，自我同情其实和我们对他人的关怀很像，只不过关怀的对象是我们自己。

4. 自我同情不等于自艾自怜

自我同情不仅意味着当你处于顺境时会享受生活的恩赐，也意味着当你处于逆境时，会对自己仁慈和宽容一些。

我们可能会被教导说，自我同情是放纵的，甚至是懒惰的，但实际上，自我同情是一种积极的思维方式，并不是自艾自怜或自我放纵。自艾自怜和自我放纵，意味着你相信自己软弱无能，无法改变自己的处境；意味着毫无自我约束，任由自己去堕落。自我同情，则是一种积极的自我照顾，意味着积蓄力量。

（1）长期来看，自我同情胜过自我批判

严苛的自我批判，从短期看似乎有效，但长期来看，则会让人产生焦虑、压力和自卑心理，并陷入“我不够好”的错误认知和思维定式。用和善而不是苛责来进行自我激励的人，更能够坚持不懈，并把失败当成学习的机会。自我同情使我们能够不被挫败所摧毁，而是从中学习、借鉴、进步。自我同情是抚慰痛苦、愈合创伤的核心，是帮助我们在生活中做出改变最有力、最有效的方法。

日本三泽屋的三泽千代治社长曾经说过："我更信任那些有失败经验的人，一次都不失败的人，我从来不敢委以大任。"

我们身上的种种缺点其实就像失败一样，往往是映射成功的镜子。愚蠢的人面对自身缺点就像面对失败一样，只知道它们无益，怪它们使自己失败；只有聪明智慧的人才会把缺点和失败看成通往成功的经验。如果你希望拥有强壮的臂膀，就要系统地进行锻炼，不久你的臂部就会变得强壮有力。

如果你不希望拥有强壮的臂膀，可以减少运动甚至不运动，不久，它的力量就会萎缩，直至消失。

各种形式的生命衰退和死亡，都来自疾病。大自然不能容忍懒惰。保持宇宙每种事物处于不断的运动状态中。从物质的电子和质子到浮于太空的无数星球，没有一样东西曾经静止过一秒钟。自然的格言是：不动则亡！没有折中的余地，没有任何例外。

(2) 提高你的移情能力

有一个年轻的短篇小说作家，他的经历颇能给人启迪。他刚开始写作时曾与一位很有眼光的编辑谈过话，编辑的话让他茅塞顿开："我认为你在小说中塑造的人物不够真实，读者不能产生认同感。我觉得，原因在于你塑造人物时从来没有认真地想过他们应当怎样。”

年轻作家知道这一批评非常中肯。他如果想写出更好的作品，就必须设身处地地站在小说人物的角度思考问题。他断断续续地受过一些教育，生活阅历不够丰富，但决定做一次实验。他为自己制订了一套移情规则，每天都选择一个自己知道的人或见过的人，然后发挥想象力，设身处地地从对方的角度思考问题，尽管这个人的生活方式与自己迥然不同。一开始，他没有多少进步。随着时间的推移，他偶尔能够想象出特定条件下的生活细节，感受到别人的心理状态和情感波动。他持续不断地进行试验，终于发现自己此时能较深刻地理解别人的思想。后来，他的作品写得很成功，从侧面证明了这种努力是有价值的。

人们往往无须付出很多的努力和精力就可以增强自己的想象力。有时候，在特定场合下，一句话就有很大的力量。下面的例子并不罕见。有一个推销员专门销售各种机器，后来晋升为销售经理。他说，作为推销员，他一直都不成功。有一天，一位客户对他说：“我不关心你们花多少工夫才能造出完美无缺的机器，我只想知道你能为我做什么？”

此时他才恍然大悟，以前他总是从自己的角度考虑工作，从技术角度考虑问题。他第一次转变思维方法，想客户之所想——让客户产生心理认同。有了认同感，他才能预想到客户想知道的事情，思考他们为什么不肯买机器。“在他们滔滔不绝的抱怨前，我已经知道怎样回答了。”他回忆道，“我不再向他们夸耀我的机器如何精确，如何达到顶尖水平。我谈他们感兴趣的问题——可以节省多少成本，增加多少利润。此后，我就找到了自己的市场定位。”

在群体关系中，只有摈弃以自我为中心的处世态度，才能交更多好运。

不论采用什么办法，人们只要努力就能增强移情能力，并获益匪浅。我们只要稍稍增加一点儿好奇心就能迈出第一步。有时，大家都想知道别人心里在想什么。知道别人怎样想和别人认同之间只有一步之差。当我们认真严肃地进入别人的思想和感情中时——尤其是进入被心理障碍分开的人们的思想和感情中时——运气很容易助我们一臂之力，帮助我们实现基本的生活欲望。

5. 与自我和解，停止内耗

理查德·戴维森博士是世界上一流的神经科学家，专门研究同情训练对大脑的影响。他的研究结论是，任何人都可以培养出更多的同情心和自我同情，但这需要练习。研究显示，每天只需30分钟，一个月只需坚持14天的自我同情练习，就可以在一个人的大脑、思维和行为方式上产生明显的并可测量的改变，导致更多的亲社会和利他行为。

（1）给自己一个拥抱

你的身体很诚实，它会对温暖与关切的身体姿势做出反应，就像婴儿在妈妈的臂弯中的反应。我们的皮肤极为敏感。研究显示，身体接触会释放催产素，提供安全感，平复消极情绪，降低心血管压力。在你感觉糟糕，想要平复和安慰自己时，简单易行的方式是给自己一个温柔的拥抱。

（2）留意你的内心独白

在遭遇逆境或挑战的时候，要留意自己的内心独白，这可以帮助抑制自我批判与自我攻击，将其转化为自我同情。

一个人如果从小成长在打压式的原生家庭中成长，内心往往会不自觉地冒出这样的想法：

※ 我怎么能这么做？我就是个蠢货！

※ 我的情绪为什么总是这么敏感?

※ 我这个人真是太没用了。

※ 我的性格太差劲了。

※ 像我这样的人，没有人会喜欢我。

※ 我这辈子也就这样了。

这其实都是带有攻击性的内心独白。他们往往会认为，这种内心独白可以对自己起到激励和监督作用。然而，长此以往，这样的思维惯性会造成自卑、焦虑和不安等情绪，并大大降低自我价值感。对自己的苛责和严厉指控，无异于情感和心理上的自我施虐，无疑会产生严重的精神内耗。

(3) 告诉自己，其实你挺好的

自我同情会给你一种源自内部的力量，提高你的情绪调节能力和应变能力，而且它能让你切身体会生活的美好。自我同情包括体谅自己、对自己有耐心，而不是羞辱、批评或者强烈谴责自己。它需要你和自己建立一个积极的、鼓励式的对话关系。你可以依靠正念觉察，即以第三者的视角去体察自己的情绪和想法。其实，你也可以这样说:

※ 失败并不等于世界末日，也不意味着你是个坏人或无法胜任这项工作;

※ 我相信你并支持你，而且我知道你可以做到；

※ 我觉得你应该做一些改变，让自己更加开心一些；

※ 现在是至暗时刻。受难是生活的一部分。愿我此时能善待自己，愿我能给予自己所需的同情。

把失败当作人生的寻常事来看待，你就不会被它所击败。你可以想一段自我同情的话，以平和、优雅的姿态来挑战逆境。当你的情绪无法抑制的时候，你可以像安慰朋友一样与自己对话。比如你犯了一个严重的错误，十分自责。你可以这样告诉自己：

※ 这种事情可以发生在任何人身上；

※ 每个人都会有失败的时候；

※ 失败是成功的必经阶段；

※ 我有一刻大意了，但这没关系。每个人都有含糊的时候，我今后一定会改善。

自我同情是一种积极的情绪，意味着我们要允许自己善待自己，而不是在犯错误或失败时，一味地苛责或虐待自己。自我同情让我们意识到，无论我们在生活中遭遇了什么，都是可以自我悦纳的。

6. 自我鼓励，对抗负性思维

有一些心理学家认为，抑郁其实是一种防卫机制，适度抑郁有助于提升理性。抑郁的价值之一是促使我们自省。

林肯和丘吉尔这样的伟大人物都曾受抑郁的困扰。抑郁者的洞察力与先见之明可能与这种心境有关。

反躬自省固然是一种智慧。然而，如果我们任由这种情绪蔓延，就容易陷入一种近乎病态的担忧或自责当中。这其实是一种思维反刍。

思维反刍对抑郁的出现、持续存在和复发起到一定的催化作用。因此，减少对过去失败、失望和错误的思维反刍，学会顺其自然，有助于走出抑郁。

为了对抗负性思维，林肯甚至把报纸上赞扬他的话做成剪报随身携带，在沮丧时给自己打气。他们所表现出的政治理性与洞察力，都可能与抑郁有关。

困难是成长的养料，事业取得成功的过程，实质上就是不断战胜困难的过程。

因为任何一项事业要想取得相当的成就，都会遇到困难，难免要犯错误，遭受挫折和失败。

只要相信自己，树立必胜的信心，尽最大的努力，是一定会获得成功的。成功就是如此，往往经历无数次失败才能获得。每一个白手起家的成功人士，背后都有无数次的失败和战胜失败的经历。

克里蒙·斯通是联合保险公司的董事长，最大的商业巨子之一，被称为“保险业怪才”。斯通幼年丧父，母亲靠替人缝衣服维持生活，为补贴家用，他很小就出去贩卖报纸了。有一次他走进一家饭馆叫卖报纸，但被赶了出来。他乘餐馆老板不备，又溜了进去。气恼的餐馆老板一脚把他踢了出去，可是斯通只是揉了揉屁股，手里拿着更多的报纸，又一次溜进餐馆。那些客人见到他如此顽强，于是劝老板不要再撵他，并纷纷买他的报纸看。斯通的屁股被踢痛了，但他的口袋里却装满了钱。

有些人会勇敢地面对困难，不达目的绝不罢休。斯通就是这样的人。

斯通在中学的时候，就开始试着去推销保险了。他来到一栋大楼前，当年贩卖报纸时的情况又出现在他眼前。虽因害怕而发抖，但他安慰自己：“如果你做了，没有损失却可能有大的收获，那就下手去做。马上就做！”

他走进大楼时，心想如果自己被踢出来，就像当年卖报纸被踢出餐馆一样，再试着进去。但是这次他没有被踢出来。每一间办公室，他都去了。

那天，有两个人向他买保险。就推销数量来说，他是失败的，但在了解他自己和提高推销能力方面，他有了极大的收获。第二天，他卖出了 4 份。第三天，他卖出了 6 份。至此，他的事业开始了。

20 岁的时候，斯通设立了只有他一个人的保险经纪社，开业的第一天，他就在繁华的大街上推销出了 54 份保险。有一天，他打破了令人几乎不敢相信的纪录，120 份。以一天 8 小时计算，每 4 分钟就成交一次。

1983 年底，克里蒙 • 斯通成了一名富翁。他说成功的秘诀是一种叫作“肯定人生观”的东西。他还说：“如果你以坚定的、乐观的态度面对艰苦，反而能从中得到好处。”

Chapter 9

内耗，来自你的消极信念

睿智的古罗马帝国皇帝马可·奥勒留说："我们有怎样的观念，就有怎样的生活。"

心理学家马斯洛认为，实现自我的人从不会用大脑来思考他们不想要的东西。他们不会去担心疾病的恶化、资金的贫乏、经济的衰退、商业努力的失败、孩子遇到的麻烦等。他们的大脑集中在自己希望得到的条件上——以至在思考之后，会出现转机：恰当的人或恰当的环境、适当的机遇会出现。我们都会按照自己的思路发生转变，因此注意自己的思想十分重要。

1. 人脑的“消极偏差”

我们很容易关注到负面的事情，研究表明，人脑存在一种认知上的“消极偏差”。当我们的“消极偏差”被激活时，更加容易注意到那些会造成危险的部分，乃至于产生“灾难性思维”，难以遏制地联想到最坏的情况……

我们对事物的看法会倾向于消极，对大脑而言，坏的事情比好的事情要严重得多。虽然这种消极的心理机制可以帮助我们的祖先发现潜在的危险从而使之得以存活，然而当今时代，我们的消极偏差不管是对所处的环境，还是对自我评判，都是有害的。

大脑是如此“钟爱”负面影响，以至于我们看世界的视角都是扭曲的。研究发现，即使我们经历的正面、积极的事情是负面、消极的事情的 3 倍，却还是会更加关注负面、消极的那些方面。该研究表明，如果我们可以实事求是地看问题，也许会产生积极的倾向，因为生活中 75% 的事情是相对正面的。

有一个年轻人问莫扎特：“先生，有人建议我写交响乐。您能不能告诉我怎么样才能写出一部交响乐来？”

“你太年轻，写不了交响乐，”莫扎特语气温和地告诉他，“为什么不先写一些摇篮曲呢？”

年轻人生气地答道:“可是您10岁时就开始创作交响乐了。”

“啊，是的。”莫扎特答道，“但那时我并没有问应当怎样写。”

许多人对自己说:“只要找到做某事的方法，就会出现奇迹。”用这种态度对待机遇，到头来就会发现自己没有能力驾驭这一切，因为信念只不过是伪装的欲望，无法实现的梦想。所以，只有当机遇与基本欲望协调一致，与明显的或潜在的能力协调一致时，它才能给人带来真正的好运。

如果一个人的内在信念足够强大，即使别人做出完全相反的判断，他也能做出成绩。埃维·李是一位成功的公关专家。他曾多次嘲笑自己为两个想当出版商的年轻人提出的咨询建议。20世纪20年代，两个年轻人带来一份信心十足的计划书，准备创办一种新型杂志。杂志强调照片与个性，强调简洁有力的风格，对吸引读者的注意力要求极高。“我告诉他们这个方案行不通，”李说，“我甚至非常怀疑他们有没有能力创办杂志。但是他们十分自信，根本不听我的劝告，结果办得很不错。”这两个年轻人就是亨利·鲁西和已故的布利斯托尔·哈登。那份杂志就是享誉全球的《时代》。

总的来说，内在信念只有与深刻的悟性结合在一起，比如，与天赋和才智结合在一起，才能成为运气的可靠指数。许多人觉得没有充分发挥自己的潜力，他们把握不住自己的真实需求，结果反而是错失机遇。

比较—间接证明—别人的意见，这三种检验方法可以帮助我们评价生活中的机遇，可以验证我们尚未得到证明的能力。此外，还有一种验证方法，即内在信念。我们很容易误把愿望当作信念。采用这种方法显得非常谨慎。有一个人本来很聪明，但是20年来，他的情绪越来越低落，因为他在年轻时坚信自己具有演员的天赋，对身边不断出现的不利因素却视而不见，一个人空有自信，最终只会导致失败。

2.“反安慰剂”的魔咒

1954年5月6日上午，罗杰•班尼斯特（Roger Bannister）成为第一个在4分钟内跑完1英里的人。

在此之前，很多运动领域的权威科学家和生理医学家都断定，“4分钟极限”是人类的禁区，强行闯关的话，很可能性命不保。所以，当班尼斯特冲过终点线后，就瘫倒在地，他开始怀疑自己是不是已经死了。

罗杰•班尼斯特一战成名，成为英国田径赛场上的的传奇人物。

如今，全世界每年都会有几十位田径运动员能够突破这个“4分钟极限”。

为什么突破这个“4分钟极限”的田径运动员越来越多了?

从信念的层面讲，学术权威们口中的“4分钟极限”也是一种强大的“反安慰剂效应”，是束缚那时田径运动员技能精进的魔咒，所以，班尼斯特破纪录后一度怀疑自己已经死了。

“安慰剂效应”与“反安慰剂效应”是客观而强大的存在，其神秘性与戏剧性，堪比量子物理中的“双缝干涉实验”。

安慰剂效应又叫受试者期望效应。有报告称，大约四分之一服用安慰剂的病人，例如声称可以医治背痛的安慰剂，表示有关痛症得到舒缓。更令人震惊的是，这些患者痛症的舒缓，并非谎话，而是可以利用客观的方法检测得到。正是出于这个原因，在推出一种新药品上市之前，会强制要求进行双盲对照试验。

在英国的一项医学试验中，医生让一组胃癌患者每天服用一种药物（其实只是普通的糖水），并对他们说，这是一种治疗胃癌的化疗药物。几天后，这种普通的糖水让大多数被试者产生了呕吐的症状。30% 的患者出现了一般只有进行化疗之后才会引发的脱发现象。这其实是一种“反安慰剂效应”—— 相信自己生病了，自己便真的会生病；相信药物会产生有害的副作用，副作用便会产生。

科学家对产生安慰剂或反安慰剂效应的人的大脑进行扫描后发现，反安慰剂效应会降低多巴胺和内啡肽的活跃度，从而增加人的疼痛感。相应地，反安慰剂效应能够产生相反的作用。

班尼斯特的训练方法有没有泄密倒是其次，更重要的是其示范效应，注定激励同行。

人类是天生善于获取“间接经验”的。要知道，在他破纪录仅仅在 46 天之后，其劲敌约翰 • 兰迪就以 3 分 57 秒 9 的成绩再次刷新了纪录。

班尼斯特以实际行动激励了他的同行：都是血肉之身，别人能做到，我也应该能够做到。过去的“禁区”，变成了现在的“目标”。

要知道，谷爱凌那神乎其技的“1620”滑雪动作，也是在受到对手的激励时才能做出的。

这也是“挑战纪录”的意义所在，它可以带动整个领域的成绩的提升。通过借鉴、对标顶尖高手，可以帮人们在专业领域上变得更好、更强。

其实，班尼斯特只是一名业余的田径运动员。班内斯特打破“4 分钟极限”的时候，还是牛津大学医学院的一名学生。他引以为傲的正式职业是脑神经科学家。

无疑，医学背景对班尼斯特创造田径纪录是有积极影响的。

3. 关于疲劳的信念

爱默生曾说：“想象是一种很高层次的观望。”

如果你将自己想象为一个精力充沛的人，甚至想象自己能量无限，这就有利于消除疲劳以及精疲力竭的羁绊，而且在这种想象活动中可以树立一个新的自我形象。

斯坦福大学心理学家卡罗尔·德韦克和她的团队研究发现：比起实际生理上的疲惫，疲劳更多地来源于你的信念。

也就是说，如果你认为某些事情会导致自己严重疲劳，就会同想象中一样精疲力竭。

该研究的目的是验证人们是否认为自己的意志力是一种有限的资源。

在实验中，卡罗尔让参与者选择他们更倾向于认同以下哪种说法：一个是意志力有限理论的表述——“经过紧张激烈的脑力劳动，你感觉精力都被耗尽了，必须通过休息来恢复元气”；另一个则是意志力无限理论的表述——“你的精神力量会自我恢复，即便是在紧张激烈的脑力劳动之后，也可以继续完成更多工作”。

然后，他们让参与者完成某项高耗能任务之后，再测量他们的疲劳度。卡罗尔注意到，参与者的信念决定了他们的意志力是否被削弱：如果他们相信自己的意志力会减弱，那么事实上它就真的会减弱。换句话说，如果你相信完成某件事会令你疲惫，那么它就真的会使你疲惫。

在另一项研究中，一部分参与者完成了一项累人的任务，另一部分参与者则没有。然后，研究人员对于参与者完成此任务后的疲惫程度，故意给出了错误的反馈。那些被告知很疲惫的人，不管是否完成了之前的任务，都在接下来的记忆力测试中表现得很差。

信念蕴含着强大的力量，如果你认为做某件事情会让你感到十分疲惫，那么你的表现一定会很糟糕。

这些研究案例表明，能量水平很大程度上是由思想所控制的，尤其是在工作会使人疲惫的信念及想法上。

如果你去上班的时候就觉得自己会被累垮，那么你多半真的会被累垮。

尽管我们没有给予内在意识太多的关注，但是它比大多数人所想象的要重要得多。鉴于消极思绪和关于疲惫的信念可以对人的能量水平带来如此大的影响，那么意识到这些思绪和信念的出现对我们也是至关重要的。内在意识可以让我们观测这些信念和思绪，而不是让它们随意地支配我们。

4. 自我怀疑所导致的内耗

研究显示，那些“迷之自信”的观念跟重度抑郁症是有联系的，也许其中部分原因就是—— 这种观念将会引起过度的自我批判。

成功学中有一句话：人到了一定年龄后，大脑神经通路已经基本确定下来了。也就是说，人的天赋是既定的，应该集中力量发挥征集的长项。爱因斯坦对这种“强项理论”表示嗤之以鼻。他曾说过：“失败是成功的必经之路。”爱因斯坦正确地理解了强项并不会凭空出现，而是需要不断地发展与强化的道理。

有一则笑话：一个拿了满是“鸭蛋”的成绩单的小孩对爸爸说：“老爸，你觉得问题出在遗传基因还是生活环境？”

这个世界上没有什么“天才”，更没有什么“与生俱来”。

难道有“天生的销售员”吗？还是有人天生就当不了销售员？如果你留意一下报纸上的出生启事，就会发现许许多多的男婴、女婴出生的消息，但是绝对看不到什么“小销售员”出生的消息。

几度被“吉尼斯世界纪录”列为“世界上最伟大的销售员”的乔·吉拉德，在他49岁时，已连续11年被评为金牌汽车销售员。这么说，他一定是位“天才销售员”吧？其实不然，吉拉德中学时曾被逐出校门，只当了不到100天的兵，还曾被40余家公司开除过，连当扒手都没有如愿以偿。他说：“人们都说我是一位天才销售员，其实错了，我现在告诉你们，我是全靠自己的努力才成为‘天才销售员’的。像我这样的人，从头开始都可以办得到，那么，谁都办得到。”吉拉德小时候还患有严重的口吃，你可以想象，这样一个人做推销是什么状况。

理查德·布兰森称得上是最成功、最杰出、最知名的企业家之一。他盯上航空界巨人英国航空公司，打得人家落花流水；创立了自己的伏特加和避孕套品牌……讲得实际一点，他涉足的领域无不火爆。作为巨额资产的企业集团首脑，他的作风令人不可思议，他在自己家里运筹帷幄，连计算机都不会用，全靠纸和笔记本，又常常喜欢一头栽进自己完全不了解的行业中。最有意思的是，他从 19 岁以来，就深受众人瞩目，他靠鲜明的个性及媒体的报道，成功地经营自己的企业。

然而，他从小就视力不好，学习成绩极差，被认为有“阅读困难症”。他无法集中精力，没有一科成绩达标。这导致了他 16 岁时中学辍学。因此，如果把布兰森的成功说成是“天生的”，实在是不可能的。尽管如此，布兰森还是成了亿万富翁。

不要担心遗传、所谓的天赋。你的智商、才华、能力、性格，以及是否存在缺陷或弱点这些东西都不重要，如果你有，那就看你是把它们当成影响自身发展的阻碍，还是当成考验自己能否成功跨越的栏杆。你的出生年月、星座、别人的意见，也都起不了任何作用，什么都决定不了你的目标和成就，成功全靠个人的决心与决定。

最新的神经科学的研究数据明确表示，我们的大脑在一生中会不断地产生新的神经通路。大脑本身就是用来拓展和学习新事物的——尽管某些特定的技能容易掌握——人生来就要学习、发展、精通多个领域的技能，比如既会画漫画又会经商，既能弹钢琴又能编写计算机程序。

所以，究竟是什么决定了我们能否学会新的技能？这很大程度上跟我们的信念有关。

遭遇挫败时，坚持不懈的人和轻言放弃的人之间最大的区别，就是他们对信念的看法不同。坚持不懈的人相信他们可以不断发展和强化自身长处，而不认为强项是与生俱来的。他们可以从犯下的错误里汲取营养。

5. 过度自我批判强化“消极偏差”

得克萨斯大学人类发展学副教授克莉丝汀•内芙指出，自我批判是焦虑症和抑郁症的一项重要前兆，自我批判不但不能成为动力的来源，相反，还会阻碍人在失败之后继续挑战和尝试，因为我们害怕再次经历失败。

我们可以咨询任何职业运动员，是一种什么心态致使一位选手获胜，而另一位选手失败；是一种什么心态将这二者断然分开。一位做出了努力并获胜了；另一位同样做出了努力，却失败了。答案很可能是信念。信念即一个人对自己能够做出怎样的事业的憧憬，信念即运动员在他的想象中将自己视作了获胜者，信念是一个人看待事物方法的一部分。

过度自我批判不仅会加深自己对失败的恐惧，还会从内心深处过分严苛地批评自己，甚至会让我们只关注自己的缺点，这会给心理带来极大的负面影响。

人们对于自己的看法往往也存在“消极偏差”。你总是自我批判，是因为你过度地关注自己的错误与缺点。如果你正在做年终绩效考核，很可能会发现在做自我评价的时候，你会想起那些被你搞砸的项目、写得一团糟的报告以及跟老板发生的一些不愉快。假如你的经理“出乎意料”地嘉奖你一番，盛赞你今年的种种成就，但同时也提出一两处他希望你可以改进的地方，你可能仍旧会只关注那些负面的评价。

另一个会加深消极偏差的习惯是我们常常把自己获得的成绩当作理所应当。如果你的目标是成为一名出色的研究员、作家、大厨，可能要花上很多年的辛勤努力才能达到目标。

但是，当你达到目标的时候，会发现自己仍不满足。为什么呢？因为我们除了关注消极方面，还会把生活中好的方面当作理所应当，这种现象在心理学上叫作“习惯化”。尽管你可能会时不时地感受到强烈的幸福感和满足感，比如刚刚获得了值得庆贺的升职机会，或是在专业领域获奖、得到了公众的认可，但是随着时间的推移，这些事情无法再给你带来喜悦感，因为你已经习惯了。

古罗马著名的斯多葛学派哲学家爱比克泰德说：“人们不会被外界发生的事物所搅扰，却为他们对外界事物的看法所搅扰。”

回想一下，有多少次由于对外界发生的事物理解有误，而导致自己反应过度。

著名歌唱家劳雷尔·李曾说：“我知道，我是看不到事物的本来面貌的；由于我本身如此，我看到的事物也就如此。”的确，我们对事物的理解，一方面反映了我们所描述的事物；另一方面也在相当程度上反映出我们自己。如果我们发现自己在与某人的关系中产生了嫉妒情绪，这是由于还未学会信任自己和看待事物的方法！瞧，在生活中，我们看待外部世界的方法有多么大的不同！肯·凯斯在《高级意识手册》中指出：“可爱的人就生活在可爱的世界上，愤世的人就生活在敌对的世界上。”

“思想正像飞去来器。”艾琳·卡迪在《变革的熹微》中写道。思想是会从外部世界返回到我们身边来的。如果我们抱着积极的态度，相信生活处处有“善”，那么，我们便会从周围的事物中见到“善”。由于我们用发展的眼光看问题，因而，能够从最黑暗的乌云中看到阳光闪耀。消极与悲观失望是领悟自我的绊脚石，尽管我们有时已经看到了问题的答案。倘若我们将目光聚集在内心的真实感受上，那么，外部世界便不会同我们对抗，或使我们挫败。我们可以充分运用内在的理智，将目光从疾病、挫折、失败等任何外部现象上转移，进而投向健康、强壮、成功等人生向往的景象。因为，我们的目光来自更高的理智！

Chapter 10

复原力

运动员们的每次训练和比赛都给身体造成巨大的压力，但只有快速恢复生理机能的强者，才能获得成功。

隔行如隔山，但隔行不隔理。大部分人的压力与运动员不同，但其中的原理却是相通的：成功不是由你的进攻速度决定的，而是由你的恢复速度决定的。

尽管慢性压力会耗尽我们的精力，但我们仍然可以恢复心态。只是这个世界上，知道如何自我施压的人很多，但知道如何帮助自己恢复心理弹性的人却并不多。

1.“聪明的”大脑是恢复元气的绊脚石

在人们的工作和生活中，难免出现或这样或那样的烦心事和小挫折。当自己遭受了挫折、压力后，多久才能恢复元气？

一刻钟？一小时？一天？还是一星期？为什么有些人总能迅速地从逆境中恢复过来？他们身上有哪些“神奇”的特质？

大部分动物在遇到危险时，身体会产生一系列应激反应，比如“战斗或逃跑反应”。当危机过后，身体会产生“休息和消化反应”。

比如，羚羊被一只狮子盯上了，狮子紧追不舍，想把羚羊抓住吃掉。这时候，羚羊的身体就会做出“战斗或逃跑反应”，交感神经系统瞬间激活，肾上腺素持续分泌。羚羊在逃跑过程中，需要消耗非常大的生理能量。假如逃过此劫，危机过后，羚羊的副交感神经系统，就会引导“休息和消化反应”生效，帮助它放松下来，继续在草原上溜达、晒太阳，让身体放松，恢复元气。只需要短短数分钟之内，羚羊的神经系统就会平静下来，继而让身体保留精力，储存能量。

小孩子也有“休息和消化反应”。比如爸爸妈妈第一天送小孩子去上小学时，小孩子一步三回头地跟爸爸妈妈说“再见”，委屈得不得了。但当爸爸妈妈真的走了，背影也看不见了，小孩子过不了几分钟，就开始和小朋友们一起愉快地玩耍了。

小孩子和小动物，往往能够非常迅速地从压力状态中恢复心理弹性。

但是，成年人却普遍缺少这种快速恢复元气的心理弹性。为什么我们越是长大，特别是进入成年之后，这种心理复原力反而越差呢?

答案就在我们的大脑中。我们“聪明的”大脑的新皮质（neocortex），反而成了恢复心理弹性的破坏者和绊脚石。

人类大脑有高度发达的新皮质，新皮质让我们有了高于普通动物的智力、洞察力、反应能力，促使我们得以发展出高级语言，具有读写能力和思维能力，能够交流思想和情感。

然而，这种人脑的复杂和精密，同时也给我们带来了焦虑、绝望、思维反刍等困扰。

同时，新皮质还让我们不断地在大脑中自导自演，预想着“万一事情变成了这种糟糕状况，我应该怎么办”等灾难性思维。

新皮质越发达，越容易产生焦虑、绝望、思维反刍等精神内耗。

科学研究表明，我们的大脑对负面信息的关注程度会高于正面信息，以此来保证人类的进化。比如说，如果我们的祖先遇到了很可怕的食肉动物，并且成功脱险，那么他就会通过记忆这段负面经历，来让自己汲取经验，下一次成功避开这种食肉动物。但现如今，这种在当时帮助人类生存进化的本能，却成为精神内耗的成因之一。

大脑成像技术已经揭示了心流的原理。达到心流状态的一个重要前提，是主动关闭大脑的前额皮层的一部分功能。

当我们处于心流状态时，大脑会分泌“多巴胺”“去甲肾上腺素”等激素，心流状态的愉悦感也来自这些激素。

2. 长期压力可让智力退化

小压力往往是我们达到目标的重要动力。比如说，当你过马路时看到对面突然冒出一辆车，肾上腺素会在极短时间内迅速升高，于是我们的身体快速做出躲闪的反应。研究表明，适量的瞬间压力，对我们的健康有一定帮助。

(1) 不要对自己滥施压力

有时候，压力是件好事，它让我们更快、更强、更敏捷，也能让我们的大脑拥有更强的记忆力和灵活性。但前提是，这种压力是一种“小压力”。适度的压力确实能够激发我们的潜力，让我们在短期内发挥得更好。

正因为这种短期的“小甜头”，会让人相信，既然压力可以变成动力，促进我们成功，那我们当然时刻都需要有点压力。其实，恰恰相反，长此以往的慢性压力是成功的大敌——慢性压力会使我们精力衰竭，极大地削弱我们对压力的弹性，更严重的是，慢性压力还会损伤我们的认知能力，通俗来讲就是会让人变笨。

斯坦福大学的精神病学教授弗道斯•达巴，曾做过一系列相关研究，发现适度压力确实可以对人的生理和心理带来好处，比如，可以提高人体的免疫力。

弗道斯教授最早提出假设，生理上的短期压力反应可以提升人体机能的保护力和性能。通过深入实验，弗道斯教授证实了短期压力可能带来的保护性影响，以及慢性压力带来的负面效应。

科学研究表明，慢性压力不仅更容易让人生病和出现炎症反应，而且会加快细胞老化速度。同时，慢性压力会损害人的认知能力，降低工作效率。

慢性压力会损伤人脑的记忆力、创造力，削弱我们对事物的客观判断力、对问题的分析解决能力以及决策能力。甚至有研究表明，慢性压力会让人变成一个非常糟糕的管理者和领导者。

压力还会带来涟漪效应。所谓“涟漪效应”亦称为“模仿效应”，是由美国教育心理学家杰考白·库宁提出的。“涟漪效应”描述的是这样一种现象：往一湖平静的湖水里扔进一块石头，泛起的水波纹会逐渐扩散到很远的地方。当一个人处于恐惧等紧张情绪时，就会通过人体汗液散发出一种信息素引起他人的反应。当一个人携带“恐惧信息素”的时候，接近他的人会受到相应影响。大脑杏仁核等功能区会产生明显的活化作用，导致恐惧、紧张等情绪开始蔓延。

(2) 滥用压力会损害复原力

在进化过程中，应激反应本该在面对少数的、极端危险情况时才会被启动，但是现代人滥用这种应激反应，仅仅是为了“碎银几两”。

比如说，我们总有治不好的拖延症，不到项目的截止日期，就干不下去活儿，非得用截止日期逼得自己神经紧张，在这样的压迫下才能把项目完成，而这已经成了一种工作常态。

当我们觉得自己身心俱疲、又累又困，应该去休息时，却总选择灌一杯咖啡来“提神”，让自己继续“充满能量”地工作。

事实表明，经常加班熬夜的专业人员、学生等人群，已经陷入一个容易上瘾的习惯——必须用兴奋性物质去控制自己的注意力缺失问题，才能保持更长时间的注意力集中。

这种外部的过度刺激、压力堆积，让我们现代人的身体失去了自然的复原力。我们依然选择按照老方法去做压力管理，却发现自己越来越累，也越来越紧张。

3. “认知革命”的副作用

很多成年人，都已经失去了孩提时的心理复原力。哪怕在危机过后，压力还是挥之不去，渐渐发展成为慢性压力。

那么，是什么原因破坏了我们的心理复原力，让我们不能像小孩子和小动物一样在承受压力过后自然恢复呢?

答案就是成年人的大脑更“聪明”。

人类大脑的诸多功能区——比如负责视觉、平衡、恐惧等的功能区，和其他动物是类似的。然而和绝大部分动物不同的是，人类大脑有高度发达的新皮质。新皮质让我们有了高于普通动物的智力、洞察力、反应能力，让人类得以发展出高级语言，具有读写能力和想象力，能够交流思想和情感。

尤瓦尔·赫拉利在《人类简史》中提到过一个观点：大约4万年前，智人是如何打败尼安德特人，成为地球上的主宰的呢？最主要的原因是，他们产生了一种能力：能够想象出根本不存在的事情。

这种能力使得智人能够产生信仰、创造出货币等，扩展出更大规模的合作秩序，从而使得智人针对其他物种，具备极大的竞争优势。尤瓦尔把这种现象称为“认知革命”。

然而，“认知革命”也给我们带来了一些副作用。成年人大脑的“聪明”，很容易让其沉溺于虚构和想象的事件中，反而成了恢复心理弹性的绊脚石。新皮质让我们不断地在大脑中虚构、想象着“万一事情变成了这种糟糕状况，我应该怎么办”……人脑越聪明，就越有可能产生诸如担忧、绝望、思维反刍等困扰。

4. 睡眠时，大脑在清除“脑雾”

科学家说：人类是唯一故意剥夺自己睡眠的物种。

英语中有个概念叫作“脑雾”（Brain fog），它能很形象地用来形容一些影响我们思考的症状，例如感到困惑或混乱，或者难以集中精力或将想法表达出来，与此同时常伴随长期疲劳和精神不振等症状。

睡眠不足是形成脑雾的主要原因之一。一般人都需要 8 个小时的睡眠。如果你没有得到充足的睡眠，那么就会干扰大脑，让你经历脑雾。让清晰的大脑阅读一个小时，强过让充满脑雾的大脑读上三个小时。

最新研究表明，我们的大脑在清醒运作的同时，会产生并积累多种毒素（有害的代谢产物），其中也包括引发阿尔茨海默病的多肽肽段。而在睡眠中，脑细胞会收缩，于是细胞间隙会变大，这就像是打开了水龙头——脑脊液从中流过并且冲洗掉毒素。

一个人睡眠不足，其注意力就会变差、产生失误，而且整天都状态不佳，缺乏干劲。长期缺乏睡眠，其弊害不啻于酗酒。比如，疲劳驾驶的危险性不亚于酒驾。当人睡眠不足时，负责掌管认知功能的额叶联合区和负责处理感觉、运动的顶叶联合区，都会变迟钝，于是导致精神疲劳、决策和学习能力受损。这与长期酗酒的酒精依赖症患者何其相似！长期睡眠不足的人，是很难自律的。

美国罗切斯特大学医学中心新近研究发现，在睡觉时，堆积在脑组织间隙的大脑代谢产物会被大量清除。神经系统的组织间隙约占大脑总体积的 20%，由于大脑中淋巴系统不发达，组织间隙便充当了大脑“清道夫”的角度。在睡眠时，大脑所产生的毒素会经由流过组织间隙的脑脊液冲洗、代谢掉。

长期睡眠不足，经常缩短睡眠时间，会让身体产生的免疫细胞数量锐减。相关统计显示，长期睡眠不足 6 小时的人与平均睡眠在 7~8 小时的人相比，中风风险增高了 4.5 倍；每日睡眠时间长期少于 5 小时的人，糖尿病发病率高于正常人 2 倍以上。一项研究发现，相对于每天睡 7~8 小时的人，每天只睡 4 小时的人，血液里的流感抗体只有前者的 50%。

因此，无论如何，都要尽量保持一个正常的睡眠状态。

脑科学研究证实，不论小孩还是成年人，睡眠都会促进神经元的发育以及大脑神经重塑。

在睡眠期间，大脑会分泌多种内源性的激素。这些激素，远比体外摄入的“兴奋剂”更能强化人们的竞技状态。所以，一流运动员都把睡眠看得和艰苦的训练同样重要。甚至有时候，睡眠比训练难度更大。因为把自己从亢奋的训练状态抽离出来，这也需要意志和技巧。

对于不少人士来说，睡够 8 小时，俨然已经成为一种奢望。然而，不管多忙，都应为睡眠保留足够的时间。

为了保证充分的睡眠时间，有时是要付出代价的。比如，乘坐长途列车，卧铺要比硬座票价贵将近一倍，可将这多出来的成本看作更好睡眠的市场价格。

还有不少人喜欢在睡前玩很长一阵子手机，第二天又要按时早起。这些睡前被挤占的娱乐时间，其实也可视为充分睡眠的成本。你挤占了大脑的睡眠时间，第二天很可能就会精力不济。为了其他事情而“牺牲睡眠时间”绝非良策。

5. 身心合一，恢复弹性

仅凭大脑的“想法”难以让我们恢复自然的心理弹性，那什么才是真正有效的方法呢？关键在于我们的身体状态。

任何一个选择健康饮食或信奉养生之道的人都知道，我们一旦开始善待自己的身体，精神就会自然而然地好起来。这种积极的心态，会让你的整个状态发生积极的变化。

自 20 世纪中期以来，就有一个深入人心的神经神话：我们的心智，就像软件程序一样，运行在一个名为大脑的计算机硬件上；又或者说，大脑和躯体是相关的，但后者只是为前者提供能量支持。

神经科学家安东尼奥·达马西奥认为，这个神经神话是有其原始版本的，那就是17世纪的哲学家笛卡儿的“身心二元论”。笛卡儿认为，思想是一种与躯体完全分离的活动。达马西奥认为，笛卡儿的错误在于在躯体和心灵之间划分了一个鸿沟，将极为精巧的心智过程，与生物有机体的结构和运作分开了。

近年来，脑科学的发展向笛卡儿的身心二元论传统提出了挑战。身体健康的确会直接影响人的心理能力，反过来也一样。

比如，BDNF是一种只能通过运动产生的营养因子。缺少这种因子，我们将陷入抑郁。运动也有助于刺激多巴胺分泌，研究指出，运动20分钟后，多巴胺浓度会达到一个峰值。运动的强度和时间长度都可以灵活安排，关键在于选择自己适合的方式，形成习惯。

（1）有氧运动开启BDNF的良性循环

脑科学研究证实，运动可以促进脑源性神经营养因子（brain-derived neurotrophic factor，BDNF）分泌，并能够启动“神经新生”，促进神经元细胞的生长。

和几十年前相比，现代人的身体活动量已经明显降低。这也导致了抑郁症的高发。科学家对抑郁的形成机制已经越来越清晰。

脑科学研究证明，运动脑区与注意力、意识之间有大量重叠，这意味着，运动可以使人在生理基础上变得更“聪明”，可以提升我们的专注力、自控力和思维能力。在各项运动中，可以先从有氧运动（Aerobic Exercise）开始。什么是有氧运动呢？

“有氧”（Aerobic）一词来源于“空气”（Air），当它用于锻炼时指的是“重呼吸”的一类运动，即指呼吸加重加快一类运动。“有氧健身运动”是由得克萨斯州有氧健身专家库帕博士首创的。

所谓有氧运动，是指人体在氧气充分供应的情况下进行的体育锻炼。简单来说，有氧运动是指强度低且富含韵律性的运动，比如健走、游泳、慢跑、骑自行车等。

这些运动既能为体内送入大量氧气，又是有规律、反复的轻度运动。有氧运动能强化大脑中的血液循环，提供给神经元（神经细胞）更多养分，因此也可活化大脑运作。除此之外，持续运动更可强化大脑的认知能力。

美国一项调查研究证实，有氧运动确实能有效治疗轻微至中等程度的抑郁症，效果与抗抑郁药物不相上下。这项医学研究由美国西南得萨斯州大学医疗中心进行，研究显示，

20~45 岁的抑郁症患者，若是能一星期进行 3~5 次的有氧运动，每次保持在 30~35 分钟，便能减低大约 50% 的抑郁症症状。负责这项研究的学者查伟迪医生说，将有氧运动与抗抑郁药物，或是接受认知疗法（Cognitive Therapy）比较起来，疗效其实是差不多的。

（2）深呼吸是最简单的减压法

所谓深呼吸，就是胸腹式呼吸联合进行，可以排出肺内残气及其他代谢产物，吸入更多的新鲜空气，以供给各脏器所需的氧分，提高或改善脏器功能。

研究发现，定期进行呼吸训练可以使俗称“压力激素”的皮质醇水平保持正常。

定期进行呼吸训练可以重新调整我们的身体，使其进入一个更加平静的状态，帮助我们更快地从压力中恢复，甚至可以缓解在遇到挑战时产生的紧张反应。

想跟你的呼吸“搞好关系”，最基本的办法就是每天花几分钟，闭上眼睛，把注意力集中在呼吸上。感受一下它是急是缓，是深是浅。

很快你就会发现，这种训练使你感受到呼吸频率是随着一天感受和情绪的变化而变化的。

(3) 太极和瑜伽的身心锻炼效果

通过慢节奏的活动，比如慢跑可以缓解压力，尽管这很健康，但也可以尝试一些慢节奏的练习。开展一些不太需要高强度体力要求的活动，如康复性瑜伽或者太极拳。选一个刻意放慢，又不太费力气的运动。

太极拳是一种身心锻炼运动。“身心锻炼”是生物医学界中的一个术语，它指的是一种动作配合着呼吸、意志的锻炼方式。身心锻炼有一些好处是其他的锻炼方式难以做到的，它对治疗慢性疾病及改善心理健康是很有帮助的。

太极拳最大的价值在于它能加强精神能量控制，这是一种很有用的运动形式。特别是对关节、肌肉以及五脏六腑来说——尤其有利于大脑工作。

练拳时注重意气运动，以心行气，疏通经络，平衡阴阳气血，以提高阴阳自和能力——即西医所说的抗病康复能力。认真练习太极拳 30 天，看看你的身体有什么变化。

瑜伽一词的本意就是“结合”。瑜伽是一个伸展肢体、保持平衡和活动筋骨的锻炼方式。瑜伽则不涉及痛苦。即使你待在一个小垫子大小的空间里，也可以得到与健身相同的效果，而且没有任何痛苦或折磨。

瑜伽是一项良好的全身锻炼方式，但瑜伽中一些动作是不自然的、反关节的动作，一不小心就会很容易造成损伤，所以需要资深的专业人士进行指点才能进行。

太极和瑜伽可以被视为最古老、最有系统的心流制造方法。

（4）晒晒太阳，就能促进血清素分泌

亲近大自然可以提高血清素的分泌量。如果能定期让自己置身于大自然中，血清素的分泌量就会大幅增加。

血清素与被称为“夜晚激素”的褪黑素相反，血清素被称为“白天激素”。通过日光浴促进血清素分泌。因为血清素是“白天激素”，所以提高血清素分泌量的重要方法就是沐浴阳光。血清素也会影响睡眠，因为合成褪黑素的原材料就是血清素。血清素的分泌量在上午最大，到了傍晚血清素就开始转化为褪黑素。想在夜间分泌充足的褪黑素，就要在白天分泌足够的血清素。

血清素也是大脑提升学习力的一种重要“燃料”。

晒晒太阳，散散步就能够放松心情，也会分泌血清素。而且为了分泌血清素，必须做适度的运动。换句话说，早睡早起，做适度的运动，慢慢地享受散步时的阳光，这种正常规律的生活可以促进分泌血清素。

(5) 爱的交流

挤出点时间陪陪所爱的人，并跟他们进行一些表达爱意的身体接触是非常有价值的。研究表明，当心情开朗或有强烈归属感时，下丘脑会合成催产素，接着脑垂体会分泌催产素，压力也会开始得到舒缓。同时，体内组织的供氧量大量增加。

催产素是一种哺乳动物神经垂体激素，又被称为“爱的激素”或“拥抱激素”。催产素有刺激乳腺分泌乳汁，在分娩过程中促进子宫平滑肌的收缩，促进母爱的作用。此外，它还能减少人体内肾上腺素等压力激素的水平，以降低血压。催产素并非女性的专利，男女均可分泌。

催产素会在拥抱、做爱和母亲哺乳时释放，跟身心健康息息相关。

根据对乳鼠的研究，科学家发现在喂食的过程中，如果有父母的爱抚呵护，乳鼠的血压比没有爱抚的时候要低。这是由于迷走神经的张力有所增强，在爱抚的作用下，副交感神经活动增强，交感神经活动减弱，对于心脏有抑制作用，能降低血压。

因此，拥抱可以对减缓焦虑、压力等带来的健康问题起到积极作用。

Chapter 11

认识、标注自己的情绪

正是由于人类大脑更为先进，所以才拥有更为复杂多元的情绪。这是作为万物灵长的人类几百万年进化的产物。而且人类具备调控情绪的自我控制能力。

然而，正如西格蒙德·弗洛伊德所言："未被表达的情绪永远不会消亡。它们只是被活埋，并将在未来以更加丑陋的方式涌现。"一个真正成熟的人并不是没有情绪，相反，他们允许自己有情绪，懂得如何接纳自己的情绪，并知道如何恰当地表达自己的情绪。

1. 你的情绪需要被关注

你的情绪迫切需要你的关注，从长远来看，这就是为何你推开或躲开强烈情绪总是无济于事的原因。你之所以不想感受强烈的情绪，是因为不想去面对和处理情绪背后的事情，那么这些情绪会在其他事件的刺激下卷土重来。

比如，工作中发生的一件小事让你对老板非常恼怒，但是因为害怕被解雇而不敢承认你对他的愤怒情绪。当你下班回到家，你会因为儿子没有捡起地上的衣服就对他大吼大叫，你会因为儿子把屋里弄得乱七八糟而不高兴，但是你生气的根本原因来自工作中发生的那件事。

当你能全神贯注地关注自己的情绪时，就能注意到它的存在并让其远离。第一步是关注情绪，这可能会让你感觉不适，但你可以在一开始先去关注较易处理的情绪。首先，你要观察情绪。情绪会逐步发展并加剧，你可能会对此感到害怕：即使持续关注情绪也不能让它有所缓和。然而，如果你在情绪变强时回避它，就不能从中学到一个道理：情绪会逐步发展到最高峰，然后就能自行消散殆尽。所以，与情绪同在，关注它，然后让它自己离开。你只要提醒自己，那只不过是一种情绪而已。如果你不主动将情绪推开或让其加剧，情绪就只会持续很短的时间。当你能专注于自己的感受时，那些需要你关注的情绪就会接收到你的关注，然后自动安静下来。

（1）不能只是觉察到一种情绪

如果你想关注自己正在经历的所有情绪，就要留意不同强度的情绪。尽管在任一时刻都会有一种情绪占据主导地位，但是我们经常会体验到多种不同的情绪。你可能会因为在另一个城市找到一份新工作而感到高兴，但是同时也会感到难过，因为这意味着你要搬家并离开朋友。你有一点害怕搬家，这为生活带来了挑战。你还生怕被人误解，以为你在炫耀自己的好运。如果你只关注其中的一种情绪，就会丢失重要的信息并造成情绪失衡。当你只意识到一种情绪时，可以问问自己是否还能感知到其他情绪。

（2）学会暂停情绪

如果你想让自己做到三思而后行，就要先去关注自己的想法及情绪，然后停下来再决定采取何种行动，这段时间就是情绪暂停期。这对你来说很难，因为这么多年来，你都是一有情绪就采取行动。通过正念训练，你可以学会觉察内在体验，如此才能学会观察情绪，直至不会被情绪困扰。你要先做到把情绪表达出来，说“那时愤怒”或者“那时伤心”，而不会一有情绪就立刻采取行动。

想想自己在情绪化之后的后悔模样，你就会发现正念的帮助很大，即便这个方法只会减少一些后悔的次数。在正念的帮助下，无论何时经历情绪的暴风骤雨，你都不会再心神不定，或是盲目地冲进情绪的暴风雨中，而是先观察自己情绪激动的样子，然后等待大脑再次变得清晰，这个过程能帮助你在采取行动前做到审慎思考。

当你练习觉察自己的情绪、观察并接受现实的时候，能做到不带有任何批评或主观诠释，那么就能变得温和且有效管理自己的情绪。然而对你来说，开始和维持正念的训练会是一个挑战。

2. 用正念观照自己的精神内耗

正念（mindfulness）的意思就是觉察、关注和注意。这个概念最早来源于佛教的禅修，后来被引入西方心理学范畴，来帮助人们更好地进行情绪管理、自我调节、提升注意力等。实际上，正念本身并不带有任何宗教性质。一个人即便没有任何宗教信仰，不穿任何宗教服饰，不念任何宗教经书，依然可以学习用正念的方式去感受自己和生活。

（1）正念与心理学

美国马萨诸塞州医学院荣誉医学博士乔・卡巴金在 1979 年时将这个概念引入课堂，开创了正念减压课程，并初创了正念减压疗法。在那之后，这个概念在心理学界就开始慢慢普及了起来。

卡巴金博士曾说，所谓正念，就是有意识地觉察，专注当下的每一秒，并不加任何主观评断。正念，就是让我们和自己做朋友；正念，就是让我们和自己的体验做朋友。

正念是许多心理疗法的内容之一，它是一个较容易理解的概念，但实践起来比较困难。正念疗法创始人乔・卡巴金博士把正念定义为“用一种特殊的方式进行专注，有目的地活在当下并不带批判”，也就是说，你要将注意力放在此时此地。你只需要关注你能关注到的事物，不带任何判断。

当我们以正念的方式觉察自己的内心时，才能更加客观地意识到这些想法和情绪的存在。

通过正念觉察，我们会发现这其实只是自己的主观想法，并不能代表我们本来的样子。正念即对此刻发生的事情保持清醒和非评判性的接纳。换言之，直面现实。我们需要如实地看待事物本身，不增，不减，才能对当前的境遇抱以最大的同情。

将注意力放在观察的事物上是一种令人惊奇的能力，这种能力在很大程度上会影响你的幸福感。一旦你开始把思想放在此时此地，就会感觉整个人更加平静、压力更少。

然而，人们一般是不会自动变得专注。我们的想法会在不同的问题间跳跃，而且经常漫无边际。我们的大脑经常会回忆过去，反复想起自己无力改变的各种负面事件，或是想到还未发生的各种坏事。

假如你是高敏感情绪者，你的想法和强烈情绪经常会让自己很难专注于当下。你的自我意识很强，而且通常会对可能的情感威胁保持高度戒备和警觉。你的大脑需要经过训练才能做到专注于当下。

（2）冥想是一件平常事

冥想非常简单：坐在某个地方，闭上双眼，专注于自己的呼吸。

如果你感觉自己做不到，尤其是第一次练习，这是正常的，不要过多地去想。冥想练习虽然简单，但效果很好。

美国有一项研究发现表明，参与者进行冥想练习后，不但减少了分心，而且分心前专注时间更长——这是衡量注意力质量的两个维度。这项研究的参与者都是准备研究生入学考试的学生，他们通过采用冥想练习，让自己的考试成绩平均提升了16%！研究还表明，冥想可以防止“高压力期间工作记忆容量出现下降”。比如，在嘈杂的环境中工作，或者担忧自己的事情。在相关文献中，有一句评论对冥想的益处总结得最为简洁——“将走神的副作用降至最低、最有效的技术”。

一项冥想研究，测量了参与者积极练习冥想期间工作记忆容量的增长幅度。研究人员引导参与者每次练习冥想 45 分钟，每周两次，并鼓励他们在家里也要练习。几个星期后，他们发现了不可思议的事情：参加冥想练习的人，工作记忆容量平均提升了 30% 以上（这明显高于该研究的另外两组研究对象，其中一组研究对象进行了几个星期的瑜伽训练）。只需练习几个星期，就可以收获这种效果。

开始练习冥想时，每天只需练习几分钟即可。就像你专注于某个任务时所做的，先确定你的抗拒程度。然后坐在椅子上，保持舒服的姿势，但要坐直，使你的脊柱、椎间盘成一条直线。觉察自己的呼吸质量，只要走神，立即重新调整呼吸。

冥想的时间长短不重要，只要每天都坚持训练，哪怕挤出一两分钟，这就足够了。

静心的另一条途径，在于减少生活中的噪声。从而维护自己宝贵的专注力，因为噪声会使你的“精神熵”处于上升状态。

特别是对于高敏感情绪者而言，处理和应对持续的敏感情绪是件劳心费力事。高敏感情绪者被困在“情绪中”的时间只能有那么多，随后他们就要逃脱这种情绪超负荷的感觉。高敏感情绪者有时可能需要独处，或是和“安全”的人待在一起才能感到内心平静。高敏感情绪者会发现，沉浸在一个无人知晓的繁忙空间里，会觉得很舒服。

（3）搜索内在的自我

“不会休息，就不会工作”，谷歌深谙此道。

陈一鸣在谷歌公司担任软件工程师时，注意到，他和同事们投入工作并不难，但是想抽离工作、好好休息，却大有问题。工作之余，他很积极地练习正念冥想。冥想，只需静坐并专注于呼吸即可，它可以帮我们更快地抽离出来，进入休息状态。

陈一鸣通过这种方式可以较快地把身心从紧绷的工作压力，转移到比较平静的状态。

冥想可以帮助我们随时安顿身心。

冥想，有时也称为正念觉察，静心冥想。这种过程像一次“身体扫描”。在觉察冥想时，会有节奏地呼吸，但注意力是从呼吸转移到身体的各个部位。

冥想是一种可以随时随地进行的身心安顿，你可以从脚开始，一路往上移动。

专注于脚趾在鞋子里的感觉，皮肤贴着椅子（或衣服）的感觉，肌肉放松的感觉，心跳的感觉。

一个人在进行正念冥想时，仿佛是一位中立的观察者，观察着自己的思维和感觉，接着再决定接下来要做什么。

陈一鸣也发现正念冥想让他敞开心扉，接触到一些原本隐藏的见解。

一位谷歌公司高管注意到后，就问陈一鸣有没有兴趣在谷歌公司内部以全职的身份传授正念冥想，并担任“自我成长”这个新部门的负责人。高层的提议令陈一鸣惊讶不已，他接受了高层的提议，但只有一个条件：他的职位不再是软件工程师，而是改为“开心哥”（Jolly Good Fellow）。

2007 年，陈一鸣为谷歌公司员工开了一门为期 7 周的冥想课程，课程的名称叫作“搜索内在的自我”。学员们反馈很积极，冥想后感到心灵更加平静，头脑更加清晰，注意力更集中。他们下班后可以彻底地抽离工作，甚至获得深度的休息，所以更利于养精蓄锐、恢复活力。几分钟的冥想，对生理机能的恢复和创意的激发都有帮助。

科学家们利用现代科技手段 fMRI（功能性磁共振成像）已经了解了冥想状态下的神经机制。研究发现，通过冥想，可以实现“大脑重塑”，强化前额皮层。只要每天冥想几分钟，就能增加大脑前额皮层的灰质。除了可以进行逻辑思考以外，前额皮层也是大脑的指挥和控制中心，使我们以更缜密的思维应对外界的状况，而不是诉诸本能反应。

（4）专注于你的内在体验

你可以学习专注于身外的事物，例如人、物品或声音，以及你的内在体验，诸如想法、感觉和情绪。

专注于内在体验会帮助你暂时远离情绪，不再被情绪所困。当你专注于自己的内在体验时，就能够在情绪、想法和行动中留出缓冲期，让自己有时间做出深思熟虑的决定；当你专注于某个事物时，就不会让自己迷失在对未来的忧虑中或是对过去的悲伤中，并且学会接纳自己和他人，不再被情绪掌控。

尽管对内在体验的关注的确能带来很多好处，但你可能仍旧不愿意深入观察自己的情绪，尤其是痛苦情绪。不管如何，用正念管控自己的情绪是一个重要的技能。

人们很容易相信：痛苦情绪的出现——像是悲伤和伤心，往往意味着你肯定做错了什么。

很多人能在大部分时候表现得很开心，即使他们确实遇到了问题，也能迅速且轻易地解决问题，就像电视里的某个人物，总是能在一个剧集结束前解决所有的困难。

流行文化都在宣扬幸福结局的神话，即使故事里的人物面对的是排山倒海的困难；商业广告会让你相信，如果你选对了车，或是用对了除臭剂，你就会快乐；生活中有些人会给你一些建议，例如去找一份工作、去找一靠山或是停止不安的心情，他们觉得要是你听从了他们的建议，人生就会变得更加富足。凡此种种会让你误以为：别人都能驾轻就熟摆平你一直在力求解决的问题，你的能力远远不及他们。

如果你受困于情绪的内耗，可能已经在害怕不良情绪将带给你痛苦、悲伤或孤独，这些念头让你变得喜怒无常、一败涂地，甚至感觉濒临崩溃。

每个人都会在人生的某些时候感觉难过、孤独、愤怒和伤心。我们不可能解决现实生活中的所有问题，尤其是一些需要经历漫长时间才能得到改善的问题。更何况，我们还会凭空给自己制造更多的痛苦，例如和那些比自己优秀的人做比较，或借由追逐物质满足的方式来改善自己的情绪。

正念会让你活在当下，不需要对自己、自己的经历、自己的情绪或者其他人进行批判。练习正念会帮助你不再感到痛苦，因为这些痛苦的根源就来自比较，以及对自我情绪的批判。

3. 可能阻碍“正念”的内耗行为

卡巴金将正念与心理学结合，发展出一种心理疗法——正念减压（MindfulneSS—based stress reduction）。他给正念的定义是，正念是用特殊的方式集中注意力：有意识地、不予评判地专注当下。每天都用正念的方式生活，能减少压力与精神内耗。对于普通人甚至是经常做正念练习的人来说，这不是一件容易的事。将正念练习融入日常作息中颇具挑战性，尤其对于高敏感情绪者来说，而且要接受“现实本来的样子”更是难上加难。若有以下行为则表示你并没有专注于当下，当你发现自己没有专注于当下时，就要提醒自己去练习正念了。

(1) 滥用许愿

我们都会许愿。有些心愿很小，像是有人会在每天早上醒来时说：“我希望今天不必去工作。”于是早上可能就会在床上待更久，并希望自己不必按时匆忙赶去上班；又例如你打开衣橱，希望找到一套合适的套装，然后希望自己能减掉10斤的体重。还有一些心愿很大，像是许多人会希望他们的人生处境能与现实不同。

我们会许下很多心愿，然而，许愿并不能让我们感到快乐。许愿有时候也会阻碍我们采取有效的行动——接受自己所处的现实境遇，学会看见且欣赏生活中的积极事物，或学会自己解决一个问题。假如你希望通过许愿来逃避各种消极情绪，那就会导致情绪长期被忽视且不被满足。

久而久之，当你遭遇新的压力时，就会更容易情绪失控。当你发现自己希望事情与现实不同时，就扪心自问一下：这件事是不是自己真正想要的，或是需要去解决的。如果这件事对你来说真的无关紧要，或者超出你的掌控，那么便可以尝试换个角度来看待此事。在做正念练习时，你可以说“在此时，只是此时”，你也可以说“放开吧，放开吧”，通过这种方式让自己学会承认和放下不必要的伤心情绪和批判，学会接纳“它就是那个样子”。

（2）抱怨

正念，意味着不带批判地看待和接受现实本来的面貌。当你开始抱怨，就不是在接受现实本来的样子。你的抱怨说明了：你认为自己的处境、自己遇到的人和自己的生活本该和现实不一样，而抱怨是不能解决问题的。

当你抱怨时，你关注的是这个世界哪里出了问题，而不是哪里没有问题。随着时间的推移，你抱怨越多，就会发现自己越来越关注不喜欢的事物而忽视喜欢的。你甚至会忽略积极的事物，只关注麻烦的事物。这样的话，你会扭曲现实，你的痛苦也由此积攒更多。

(3) 使用“应该”的表达方式

另一个不接受现实的表现就是：你总说人们不该做某些事情。你可能也会用“应该”来表达有些事情不符合你的公平感，例如孩子们“不应该”生病，或者你“不应该”丢掉那些宝贵、独一无二的家庭照片。

当你说“那些可能发生或确实发生的事情”本不该发生时，就是不接受现实。欠缺接纳的能力会为你带来痛苦，或许你可以不使用“应该”这个词，而是这样表达：很担心某个行为的后果，或是会为某个事件感到悲伤和难过。

(4) 逃避

逃避困境的行为会明显增加你的焦虑，会让你陷入更困难的处境。例如，你不去就医看病，因为害怕身体出现问题，这一行为可能会给你造成严重的后果；逃避某个对你不满的人，可能导致你们的关系结束。你用很多方式来回避，但大部分都是出于不肯接受现实。如果你能做到正念，就能意识到自己的恐惧，并且不让自己被这种恐惧感所掌控。

4. 检视内在动机和外在动机

内在动机是源于内心的动力，比如你知道自己所做的事是有意义的，或者你热爱自己所做的事；外在动机则是源于外部因素的动力，比如老板拼命要你赶工，或者挣钱是为了养家糊口。

研究表明，当人们由内在的动力驱使，做他们热爱做的事的时候，就不会感到被迫或是有压力，反而会觉得荣幸，并从中收获乐趣。

心理学家米哈里曾这样概括心流的成因和特征。第一，注意力。体验过心流的人都知道，那份深沉的快乐是用专注换来的。第二，有一个他愿意为之付出的目标。目标是什么不要紧，只要能将他的注意力集中于此即可。第三，有即时的回馈。第四，因全神贯注于此，日常恼人的琐事被忘却和屏蔽。第五，达到了忘我的状态。

通过工作提升生活品质，需要两项辅助策略。一方面要重新设计工作，使它尽可能接近心流活动——诸如打猎、家庭式纺织、外科手术等；另一方面，还要如同庖丁解牛那样自得其乐，修炼技巧，选择可行的目标。这两项策略若单独使用，都不可能使工作乐趣增加太多，但若双管齐下，却能产生意想不到的最优体验。

当你始终牢记为什么自己想做这份工作时，就能不再依靠自控力去工作了。换言之，因为不需要运用自控力，你可以节省下很多精力。

有一位律师，他的收入非常丰厚，而且有一个美满的家庭，有社会地位，受人尊敬，常出入高级场合。后来，他因为身体不适而入院接受检查，检验的结果令人伤感，原来他患上了癌症。他不得不暂时放弃工作，专心接受治疗。

电疗、化疗、手术治疗等，令他的身心受到重创，体质愈来愈弱，但癌细胞依然控制不住，等到医生认为他不能救了，放弃对他的治疗之后，他才开始面对现实，准备抱着接受死神来临的心理度日。

这时候，他遇到了一个心理治疗方面的导师，导师明白身心相互影响的重要性，很多癌症的病因来自心理，生理情况只是一个诱因。心理导师尝试和病人沟通，意图渗入他的心灵深处，了解他的心事，从他的心结中找寻他患癌的原因，并且试图帮助他解开这个结。

心理导师发现，虽然病人名利双收，看起来风光无限，但他实际上活得并不快乐。在童年时，他爱上了音乐，善于演奏小提琴，他梦想成为一个出色的小提琴演奏家。可是，他的父母却认为从事音乐事业没出息，不准他以小提琴演奏作为人生的理想；而且还逼他学习法律，大学选科时也不准他选和音乐有关的课程。

结果，因受不了家庭的压力，他放弃了童年的梦想，而选择了他自己不喜欢的法律。他完成学业之后，就顺理成章地成为一名律师，享受律师带来的高收入和地位。他依然不快乐，这种不快乐只有他自己知道，但他不肯承认，在心理导师引导之下，他才打破自我封闭了的心灵，开始面对自己尘封已久的理想。

心理学宣扬自我实现和追求人生的满足感，如果自我不能实现，就算有很多钱和很高地位，一样不会快乐，心灵承受痛苦，这就是为什么一些很富裕的人一样会厌世自杀，一些很风光的人却沉浸于毒品和酒精当中，自我麻醉。

当病人的理想释放出来后，心理导师便告诉他，反正目前他已经被医生定了“死罪”，人生已经不长久了，余下来的日子并不多，名和利、父母的期望，一切的一切，已经都没有什么大不了的，何不放手去做一些自己喜欢做的事，拾回自己的梦想，看看自己还有多长的岁月，尽量利用这段时光。

病人离开了医院，对于这么多年来的一切，他全盘否定，决意在余下的岁月当中，找回自己，为自己的理想做事，做自己喜欢的事。

他重新拿起自己心爱的小提琴，全心全意投入音乐的世界中，琴技日益提高，他后来开了一场小型的小提琴演奏会。虽然并不是专业的，但一样引起了听众的共鸣。

他决心在自己的理想生活中，愉快地度过余生。不久，奇迹发生了，他活过了医生预测的期限，依然充满活力，死神不但没有像医生预言的那样如期光临，反而好像远离他而去了。经过检查之后，医生竟发现他体内的癌细胞渐渐萎缩，而他的身体亦愈来愈健壮。最后，他的癌症因为实现了个人的理想而被战胜。

精神能量与人生主题结合时，意识就能达到和谐。但并非所有的人生主题都具有建设性。

存在主义哲学家把人生计划分为真、伪两种。真人生计划乃是一个人知道自己有选择的自由后，根据经验进行理性的价值判断所选择的主题。只要选择足以代表这个人真正的感觉与信念，最后选择的是什么并不重要。伪人生计划指的是一个人因为觉得什么事都该做，什么事别人都在做，所以自己没有别的选择，也只好这么做。真人生计划有自发的动机，因自身的价值而被拣选；伪人生计划则必须靠外在的力量推动。

5. 高敏感人群如何掌控情绪

大约有 20% 的人属于高敏感人群，高敏感有利有弊。首先，高敏感是一种天赋，高敏感人群拥有发达的神经系统。我们可以感知到事物细微的差别，并对信息进行更深入的加工。然而，拥有这种敏感特质的人，很容易因为一点小事，就觉得深受打击。

（1）要善于自我接纳

许多高敏感情绪者似乎不喜欢甚至厌恶自己，但其中的原因各不相同，整体而言可以分成以下几类：自我批判、接受刻板印象、不准确的自我建构、自己的生活与价值观不一致、轻视自己、生活在因情绪敏感导致的痛苦中。让一个人放弃自我厌恶是一个复杂的过程。

当事情变得很糟糕时，你可能为此指责自己或承担起责任，这是两个截然不同的选择。假如你要承担责任，只要承担自己需要负责的部分就好。相反地，指责自己会给你带来更加消极和自责的后果。

如果你是高敏感情绪者，你会更倾向在事情变糟糕前开始指责自己。你不允许自己犯错，通常只依据一些负面的事情就开始指责自己，而不是先对事情是“如何发生”的进行评估分析。例如你的女儿生气了，你会认为是因为你之前对她说话太严厉或者处罚了她。你的老板不认可你所在工作小组的报告，你会认为是自己写得太糟糕。这些理由都有可能，但是它们不一定就是真相，可能也有别的原因。

极端的思考方式，包括完美主义，会增加你自责的频率和严重程度。如果你专注在失败上，就会为生活中大部分负面事件而责怪自己，因而负面评价自己，导致情绪泛滥和波动。就像如果老板让你修正报告里的一个段落，你会认为自己彻底搞砸了这项任务。

你甚至认为，那些不幸的后果都是源于性格缺陷。在刚才的例子里，你会认为搞砸了这项任务是因为自己做不好任何事情。把负面后果归因于性格缺陷是典型的基本归因谬误。

基本归因谬误，是指人倾向于凭借内在的性格来解释行为，而非依据外在情境因素。假设你这一周过得非常疲劳，每天都很晚回家，到了周末，你痛斥自己懒惰，没有洗碗。事实上，你没有洗碗是因为太劳累了，而不是因为偷懒。你可能会用这种模式列出自己很多个性上的缺陷，甚至表达一大堆负面评价和厌恶，但其实你对自己的定论根本就没有基于事实。

你要知道，外在情境才是导致行为出现的原因，这和找借口不同。在上面的例子中，你只是不合理地认为，平时自己也能以完成工作的速度做好工作以外的事；也就是说，不论自己疲劳与否，你都能把所有事情做好。关注事实，能帮助自己接受事情的真相，让你更加准确地认识自己。

（2）专注于你的恐惧和控制欲

许多高敏感情绪者都是多虑的人，但忧虑能够帮助你远离糟糕的事情，防止你被猝不及防的事情困扰。你可能会认为，忧虑是为生活中可能发生的负面事件做好准备所付出的代价。

人们担忧的事情有时的确会发生，但我们真的无法确定未来会发生什么，那么对未来的忧虑和焦虑就变得没有意义了。换句话说，高敏感情绪者不值得为情绪付出这样的代价。除此之外，当你忧虑时，你的心思并不在当下，所以你不太可能专注于现在正在发生的事情，因为你正埋头思考着还未发生的事情。反之，如果你不忧虑，就能专注在自己的思想上，练习将大脑拉回当下且不带任何自我批判。随着时间的推移，你可以更容易将自己拽回来，并减少忧虑的想法。

高敏感情绪者尤其会希望在生活中掌控一切，以此让自己免受伤害。你可能会事无巨细地做计划，组织并安排你的日常事务，好让自己的生活可以预测。你可能会仔细准备你和对方谈话的内容，或者你只是想掌控一切，并迫使别人对你做出承诺；你也可能是为了再次确认他人没有对你不满或是不会与你断交，而向对方抛出大量的问题。

你要做的是直接面对自己的恐惧，并且关注那些让你感到害怕的事情——变化、不确定的事以及伴随这些事情而来的情绪。从长远来看，专注于你的恐惧和试图控制一切的想法，能让你改掉那些应对情绪的无效行为。

（3）找出你想掌控却无法控制的事

在日常生活中，无论何时你都要多加注意自己的焦虑，以及希望某个事情按某种方式发展的想法。在一张纸上（或日记本、笔记本）记录以下信息：

※ 你的处境；

※ 你的焦虑程度；

※ 关于这个处境的想法；

※ 你要尽力控制什么。

用三天的时间重复这个步骤。当你记录了三天有价值的信息后，思考写下的这些处境，看看自己能否分辨这些处境的类型。你是否会因为有人喜欢你或对你生气而变得特别焦虑？你是否会试图控制他人对你的想法？可能你会试图控制恋人的选择和情绪。今后，你要尽力用正念的方式去处理这些情境。正念是要你接受自己所经历的一切，包括不舒服的感觉，但是接受自己的感觉并不是要你用一些无效的方式来减少不适感。

正念是一剂解药，可以用来解决回避和控制这两个问题。无论何时进行正念练习，你都要努力接受现实（包括变化和不确定性），这样你在练习的过程中遭受的情绪折磨会减少很多。

等待：当你不开心或情绪冲动时，下面的几个方法能帮助你做出选择并采取最有效的行动。

观察情绪：你要和情绪保持距离，然后观察自己对情绪的体验，关注自身对情绪是怎样的感觉，是什么触动了你的情绪，你是如何看待情绪和引发情绪的处境，以及你可能出现的任何情绪冲动。你的情绪会起起落落，在它减弱之前会愈加强烈。

接纳情绪：接纳意味着即使你知道自己没有必要失控，也要让情绪发泄出来。有时你可能感觉自己被情绪操控，但是你不必因此被束缚。通常无所作为才是必要的行为。

假如你是高敏感情绪者，你很可能想做些什么来帮助自己摆脱情绪的控制，不管是什么行为，这个行为都会变成你生活中的一种模式。

例如，你可能会反复确认身边的人仍然关心你，这样你就可以努力回避对悲伤与失落的恐惧。接受就是让情绪发生，即使你知道没有必要冲动或克制冲动，却还是会努力通过抵制或摆脱的方式来控制情绪，而这其实只是被另一种情绪所控制的方式，因为你的行为仍然被自己的情绪支配。反之，知道了这一点，你就可以去感知多种多样的情绪。

调查：情绪给了你什么信息？如果你对工作心存不满，可能你的愤怒是在告诉自己应该找份新工作。收集情绪带来的各种信息可以让你采取有效行动，帮助你更好地生活。

沉住气：你要知道，有些情绪会随着时间的逝去而消失，随它去吧。如果可能，要在内心平静时采取行动，如此你就能把握自己的行为。

练习等待：练习等待（观察、接纳、调查、不着急），回答以下你经历过的问题。你可以使用下面的空间进行多次练习。

观察情绪：你观察到自己有什么样的体验？

接纳情绪：你接纳的是什么样的情绪？是否想以某种方式停止这种情绪冲动？

调查情绪：你的情绪提供了什么样的信息？

不生气：在情绪消失后你采取的行动有何不同？了解和信任你的内在体验，专注于你的内在体验（尤其是想法和情绪），它会让你知道自己的感觉而不至于莽撞行事。当你能够有效辨认情绪、管理情绪并睿智地思考时，你就能学会信任自己的想法、决策和情绪体验，从而会有一种更好的自我认同感。

许多高敏感情绪者发现，他们会受到情绪的传染——被他人的传染。任何时候，你和心情不好的人待在一起时，自己也会心情欠佳。当你情绪平复后，你会困惑为何自己和他人有同样的感觉，而且那种感觉与你的想法或发生在你身上的事情并不相符。正念会让情绪暂停一下，让你分辨出这不是源于自己的情绪。暂停，关注你有什么样的情绪，为什么自己会有这样的情绪。如果你意识到你的不开心是源于他人的不良情绪，那么这个信息会帮你更好地处理情绪。

关注情绪是准确确认内在体验的第一步，它能帮助你信任自己，而不是依赖他人来识别自己的情绪并告诉你该有何种想法。最终，你的人际关系可能会更加稳定，因为你不再害怕有人会离你而去，你会更加平静，从而实现更好地自我接纳。

（4）为情绪找到一个平衡点

有时候，你的思想完全是负面消极的，例如，你会认为自己的生活看起来是一场严酷的斗争，而别人的生活却充满了欢乐，这会让你感觉悲伤和愤怒。你可能只关注让你感到快乐的事情，像是能去某所学校读书，或是在某一天结婚，一旦无法完成这些事，你就会感到绝望。

想一想，如果你认为幸福是一个“是”或“不是”的命题——要么幸福，要么不幸福，这就像是只用一种颜色来描绘你复杂而多变的人生风景，往往会导致你深陷于悲观情绪中。如果你只关注生活中出现的负面事件，就会变得越来越沮丧。例如，如果有人在车站粗鲁地对你说话，你便无法好好享受那几个小时的假期。

若能完全意识到经历中的所有真相，你就能平衡好自己的情绪。如果你喜欢关注困难，或是眼里只有困难，那你就要学会记住困难的积极面。列出一个情境的积极和消极面，然后权衡这两方面的真正意义。

随后，去关注积极的经历中所有的细节，而且要多次且全神贯注地回顾积极正向事件里的点滴细节。这个过程能够帮助你看到事情的全局，而不会过于关注事情消极的一面。

你可能对一些事情有所期待或不期待。你可以想象受邀参加一个许久未见的朋友举办的午宴的画面，也许你急切地想看到他，并期待能与他见面的那一天快点到来。接着，你想起之前最后一次和他共进午餐时，他告诉你他的工作进展顺利，顺便提到了他刚买的新房子。于是你开始和他比较起来，结果你认为自己过得远不如他好。你记得每次遇见这个朋友，你都会在心里将自己同他比较。回想起这些后，现在你不再因为能见到他而感到激动，你真希望自己没有接受他的邀请。你最初看到的是事情的积极面，可是最后体验到的却是事情的消极面。

用心关注人际关系中的所有要素，能帮助你平衡自己的情绪。在上述例子中，如果你不仅意识到自己对即将见到朋友感到激动，而且也意识到你喜欢和他做比较，这样的觉察就能帮助你保持情绪的平衡。

在你和他见面之前，如果你能关注事情的整个过程，就能抛开所有的自我批判并做好见面的准备。

要善于“对冲”情绪的起伏，这需要我们做到：无论心情是好是坏，都能关注到事物的两面性——积极面和消极面。